安徽省"十二五"规

U0680335

Zhiye Yuanxiao Xuesheng Jiuye Yu Chuangye Zhidao

职业院校学生就业与创业指导

郭淼 主编

时代出版传媒股份有限公司
安徽科学技术出版社

图书在版编目(CIP)数据

职业院校学生就业与创业指导/郭淼主编. —合肥：
安徽科学技术出版社，2013.8(2015.2重印)
ISBN 978-7-5337-5881-3

Ⅰ.①职… Ⅱ.①郭… Ⅲ.①职业选择-高等职业
教育-教材 Ⅳ.①G717.38

中国版本图书馆 CIP 数据核字(2013)第 157925 号

职业院校学生就业与创业指导　　　　　　　　　　　　郭　淼　主编

出 版 人：黄和平　　　选题策划：吴世洪　　　责任编辑：王　勇
责任校对：盛　东　　　责任印制：李伦洲　　　封面设计：朱　婧
出版发行：时代出版传媒股份有限公司　http://www.press-mart.com
　　　　　安徽科学技术出版社　　　　　http://www.ahstp.net
　　　　(合肥市政务文化新区翡翠路 1118 号出版传媒广场，邮编：230071)
　　　　　电话：(0551)63533323
印　　制：合肥创新印务有限公司　　　电话：(0551)65152158
(如发现印装质量问题，影响阅读，请与印刷厂商联系调换)

开本：787×1092　1/16　　　印张：9.5　　　　字数：220 千
版次：2015 年 2 月第 2 次印刷

ISBN 978-7-5337-5881-3　　　　　　　　　　定价：20.00 元

前　言

就业是民生之本。党的十八大报告指出,要推动实现更高质量的就业,促进创业带动就业。在当前形势下,如何有效地解决职业院校毕业生就业创业难、提升就业创业质量的问题,成为职业院校就业指导工作的迫切任务。从就业创业指导课程教育的角度看,编写一部切合职业院校实际的就业创业指导教材,对做好就业创业指导工作尤为重要。

本书结合区域经济社会发展实际和职业院校人才培养之规律,以培养和提升职业院校学生职业生涯规划能力、就业能力和创业能力为目标,从而引导职业院校毕业生实现自主择业和创业,增强就业稳定性。本书的主要特色有:

第一,体现模块化。本书架构清晰,分为职业生涯规划篇、就业篇、创业篇和法规篇,按照"案例导引——概念解析——行动指南——实践体验"的认知过程展开叙述。

第二,突出校本化。本书所用案例都针对职业院校学生就业与创业过程中常见问题,并进行了分析,切合职业院校就业指导工作实际和职业院校学生求职面试、创新、创业实际。

第三,增强实用性。本书内容短小精悍,不追求理论探源,强调实战和可操作性,通俗易懂,可读性较强。

本书既可以作为职业院校学生就业创业课程教育的教材,也可以作为职业院校就业指导工作者的参考资料和职业院校学生课后自学读物。

本书编写者均为职业院校从事就业指导工作和承担课程教学任务的一线教师。本书主编郭淼同志系安徽工商职业学院党委副书记、纪委书记,曾在安徽省教育厅大中专学生就业指导中心担任领导职务,有着非常丰富的大学生就业、创业理论修养和实践经验。本书编写大纲由编写组共同拟定。各章节编写者分别是:第一模块林莉、陈章奇、陈周付;第二模块喻小红、周建平;第三模块曹大友、蒋强军;第四模块郭淼、朱炜。

本书在编写过程中,参阅了大量的相关文献。谨向这些文献作者表示诚挚的谢意。在编写和出版过程中,安徽科学技术出版社给予了大力支持和精心指导,在此一并表示谢意。

由于编者的水平和能力有限,加之时间仓促,书中难免存在不当之处,诚望广大读者批评指正,以便进一步修订完善。

编　者

目　　录

第一模块　职业生涯规划与设计

第一节　职业意识与职业能力

案例导入

　　拉福公司的创始人比尔·拉福的成功经验就是一个良好生涯设计及执行的范本。在中学毕业之际，他就立志经商，开创自己的企业。他的父亲是洛克菲勒集团的一名高级职员，在商界工作了许多年，对商海中的事物了如指掌，深谙其中奥秘。他发现比尔·拉福具有商业天赋，机敏果断，敢于创新，但却未经历过磨难，缺乏经验。在这种情况下经商肯定会经受挫折。于是，拉福父子进行了一次长谈，共同制订了职业生涯发展计划。

　　比尔·拉福上大学并没有选择与商业有关的贸易专业，而是选择了工科中最基础、最普通的专业——机械制造专业。他的父亲认为，要想做一个好的商人，单纯的商业管理知识是绝对不够的，必须具备一定的专业知识。而在大型商业贸易中，工业商品占多数，如果不了解产品的性能、生产制造情况，很难保证或者控制生产及销售过程。与此同时，工科学习不仅能够培养知识技能，还能帮助建立一套严谨求实的思维方式，训练推理分析能力以及脚踏实地的工作态度，这些素质都是一个成功商人所应该具备的条件。比尔·拉福就这样在麻省理工学院度过了4年。在这4年中，他没有拘泥于本专业，还广泛接触了化工、建筑、电子等方面的基本知识，这些知识在他后来的商业活动中都发挥了不可忽略的作用。大学毕业后，比尔·拉福又考入芝加哥大学，开始攻读经济学的硕士学位。因为他深知现代商业无论在程序、规则、内容等方面都相当复杂，都有一套规律与特征。这需要专门的了解，而不能等到涉足商界再谈。如果不了解经济规律，不学习经济学的常识，就无法进行商业活动，更无从谈商业盈利。在这3年中，他系统地学习了经济学的基本知识，搞清了影响商业活动的众多因素，并学习了相关法律知识、管理知识和财务知识。这样，他在知识上完全具备了经商的素质。拿到硕士学位后，比尔·拉福以为自己可以在商界大展身手。出乎意料的是，他的父亲让他到政府部门工作。对此，他父亲的解释是，经商最重要的是与人交往的能力。在政府部门工作，一方面可以锻炼这方面的能力；另一方面，还可以拓宽交往范围，为以后商业运作打下基础。于是，带着这个任务，比尔·拉福在政府做了5年的公务员。在这5年中，他仔细观察，细心揣摩，终于成长为一名老成、世故、不动声色的人。在环境的影响和自我锻炼下，比尔·拉福树立起强烈的自我保护意识，成为城府很深的人。他在后来的商业生涯中，从未上当受骗，便归功于这段时间的锻炼。与此同时，他还有目的地结识各界人士，建立起广阔的关系网络。这个网络后来为他提供了丰富的信息及大量的便利条件，成就了他的事业。结束了5年的政府工作，比尔·拉福又在父亲的引荐下到通用公司工作。在通用公司，他的目的就是熟悉商务活动，学习如何进行业务来往。两年后，他认为自己已经掌握了经商的技巧及所有环节,于是,立刻从通用辞职,正式实施自己多年前的计划。由于他具备充分的商业头脑、人际关系、生产经验,拉福公司获得飞速发展。在公司成立的 20 年后,也就是当拉福还是壮年时,公司的资产已由最初的 20 万美元发展到 2 亿美元,成为经济史上的传奇。当比尔·拉福成为商界传奇时,他对采访他的记者说,他之所以有今天,应该感谢他的父亲为他制订了一个完美的职业生涯发展计划,这个方案最终使他功成名就。

通过比尔·拉福的发展史可以看出,他的职业生涯发展目标明确,脉络清晰,步骤合理,充分考虑了个人兴趣及能力,确定了目标的可行性,并着重突出了职业技能的培养。在这个计划的指挥下,通过他自己不懈的努力,一步步前进,终于变理想为现实。

——选自于全国高职高专校长联席会主编的《纵横职场》,高等教育出版社,2006 年出版

☞ 任务导出

1. 了解职业及其分类概况;
2. 掌握职业发展基本理论;
3. 了解劳动力市场发展趋势;
4. 掌握职业意识、职业能力基本内容。

一、职业及相关概念

(一)职业的意义

职业是指在业人员所从事的有偿工作的种类,是人们在社会中从事的稳定的、合法收入的活动。它对个人的发展发挥着重要的作用。

(1)职业是人们谋生的手段。"民以食为天",个人通过就业实现生存的需要,获得个人最基本的安全感。在谋生的过程中,个人通过职业活动为社会创造着无尽的财富,为人类的繁衍提供保障。

(2)职业使人们获得了社会地位。职业按人们参加社会劳动的性质和形式,形成了不同的社会集团,即不同的社会层次。它区分人们在社会中的劳动方式及承担的具体工作类型:一方面,由于各种职业主体的劳动方式、经济收入的不同,形成了不同的职业层次;另一方面,又由于政治、经济、文化、历史等方面的差异,形成了特定的等级、地位与身份。

(3)职业为个人发展自我个性、实现自我价值提供了空间。职业规定了一个人的工作岗位及其奋斗目标,个人只有以工作岗位为起点,才能实现与社会整体的融合。职业活动一方面满足了个人对社会、集体的归属感,同时也是个人为社会做贡献的过程;另一方面也满足了个人对归属、爱、尊敬与被尊敬的需要。

(二)职业的分类

所谓职业分类,是采用一定的标准和方法,依据一定的分类原则,对从业人员所从事的各种专门化的社会职业所进行的全面、系统的划分与归类。它是一个国家形成产业结构概念和进行产业结构、产业组织及产业政策研究的基础,它对于社会各个行业的发展有着十分重要的意义。任何一个国家的职业分类都影响并制约着其国民经济各部门管理活动的成效。

职业分类的发展也是职业自身发展的需要。一个国家职业体系结构的形成,为人们了解社会职业领域的总体状况提供了基础,同时职业分类的形成也增强了人们的职业意识,促

使从业者不断提高职业素质。社会经济的发展促使那些与现有职业相比,更具有竞争力或更能满足社会需要的新的职业类别或领域产生,形成新的职业群。

知识链接

我国现行的职业分类

(1)我国职业分类的结构。我国职业分类的总体结构分为大类、中类、小类和细类(职业)四个层次,依次体现由粗到细的职业类别。细类作为我国职业分类结构中最基本的类别,即职业。根据我国国民经济发展现状,借鉴国际标准职业分类体系,我国职业划分为八大类。第一大类为"国家机关、党群组织、企事业单位负责人";第二大类为"各类专业技术人员";第三大类为"办事人员及有关人员";第四大类为"商业及服务业人员";第五大类为"农林牧渔水利业生产人员";第六大类为"生产、运输人员及有关人员";第七大类为"军人";第八大类为"不便于分类的其他人员"。

(2)《中华人民共和国职业分类大典》。进入20世纪90年代以后,社会主义市场经济的建立,促使我国的社会经济和科学经济技术发展迅猛,经济领域发生的重大变革对人力资源的管理提出了新的要求。对此,国家提出要制定各种职业的资格标准和录用标准,实行学历文凭和职业资格两种证书制度。为了适应我国社会发展的需要,1995年原劳动部、国家统计局、国家技术监督局联合成立了"国家职业分类大典和职业资格工作委员会",组织国家有关部门开始编制新中国第一部国家职业分类大典——《中华人民共和国职业分类大典》,以此作为劳动力管理的社会化、科学化和规范化的重要依据。目前,国家职业分类大典所确定的8个大类中包含66个中类、413个小类和1 838个职业。从2004年起,国家将根据社会经济发展的需要,建立新职业定期发布制度,并不断补充与修订国家职业分类体系。

(三)产业

产业是国民经济活动最基本的类型。根据国家统计局1985年的划分标准,我国产业分为三大产业,即第一产业、第二产业、第三产业。

第一产业包括农业、林业、牧业、渔业、水利业。广义上讲,农业包括采集、种植、狩猎、捕鱼、畜牧在内。农业部门的职业包括农林牧渔劳动者、管理人员、专业技术人员、技术工人等。

第二产业包括工业和建筑业。按照产品的经济用途,可以将整个工业分为两大类:生产生产资料的工业和生产消费资料的工业。前者称"重工业",包括机械、冶金、电力、煤炭、石油、燃料、化工等工业;后者称"轻工业",包括纺织、造纸、食品、皮革等工业。根据工业的供求关系以及按照劳动对象的性质不同,重工业又可以分为采掘工业和加工工业。轻工业也可以划分为以农产品为原料的轻工业,以及以非农产品为原料的轻工业,如日用化工品、化学纤维、陶瓷等工业在国民经济中起着主导作用。随着生产的发展和科学技术的进步,一方面使工业部门越分越细,新的工业部门不断出现。例如,电子工业从机械工业中分离出来,高分子合成工业从石油、化学工业中分离出来;另一方面,也使工业部门之间的生产联系和交换关系更加复杂起来。工业生产部门之间必须保持一定的比例关系,才能使整个工业协调、高速地发展。

第三产业是指广义的服务业,包括四大部分:(1)流通部门,如商业、饮食业、交通运输业、邮政电信通信业、物资供销和仓储业等;(2)服务部门,如金融、保险、房地产业、公用事业、居民服务业、旅游业和咨询服务业等;(3)科教文卫体育部门,如教育、文化、广播电视事业,科学研究事业,卫生、体育和社会福利事业等;(4)机关团体,如国家机关、党群组织和社会团体等。

第一、第二产业都是物质生产部门,第三产业是流通和服务部门,它的发展是建立在第一、第二产业劳动生产率提高基础之上的,受第一、第二产业发展水平的制约。社会的生存、发展依赖于这三大产业保持合理的结构,第一产业是基础产业,关系到人类生存的基本需要,关系到国家的稳定;第二产业的发展水平是国家工业化与现代化程度的重要标志;第三产业虽不直接从事物质生产,但它可以促进整个社会和经济的发展。

知识链接

第三产业中典型行业及职业类别。

(1)商业。商业是专门组织商品流通的经济部门,分对外贸易和国内商业。商业把工业部门所生产的商品收购进来,转运到销售地区,供应给生产者和居民,用于生产和消费,是实现生产和消费之间、工业和农业之间、城市和乡村之间、地区和地区之间的经济联系所必不可少的桥梁和纽带。

商业部门的职业类别:主要有商业管理人员,包括经理、统计计划人员、会计人员;营业人员,包括营业员、收银员等;购销人员,包括采购员、供应和推销人员、农副产品收购人员等。

(2)交通运输业。交通运输业是使用各种工具设备,通过各种方式,使货物或旅客在区域之间实现位置转移的物质生产部门。

交通运输部门的职业类别:主要有公路道路运输服务人员、铁路客货运输服务人员、航空运输服务人员、水上运输服务人员等。各类的运输服务人员又分为若干职业,如铁路客货运输服务人员分为旅客列车乘务员、车站客运服务员、车站货运员等。

(3)邮政电信通信业。邮政电信通信业是传递信息、办理通信业务的社会物质生产部门,包括邮政和电信两部分。邮政部门的主要工作是传递信函、文件、报刊以及包裹、汇款;电信部门的主要工作则是通过电报、电话、传真、电视、广播等方式,传递语言、文字、图像、数据等各种信息。

邮政电信部门的职业类别:一是邮政业务人员,指从事邮政营业、邮政分拣、投递、运转接发、押运人员和报刊发行员;另一类是电信从业人员,指从事有线、无线电信工作的话务员、报务员等。

(4)服务业。服务业是以提供劳务为特征的产业部门。它包括房地产业,如房地产开发、物业管理等;公用事业,如园林绿化管理、环境卫生、排水及污水处理等;居民服务业,如旅游服务、美容美发、摄影等。

服务业的职业类别:包括各种类型的服务性职业,主要有服务员、厨师、导游、生活日用品修理人员等。每一类服务性职业中,还可分为许多细类,如服务员包括旅馆和餐厅服务员、影剧院体育馆和公共游览场所服务员、车船飞机服务员等。生活日用品修理人员包括从事电视机、洗衣机、电冰箱等家用电器产品的修理人员和其他生活用品修理人员等。

(5)金融保险业。金融是货币流通的调节和信用活动总称。货币的发行、存款、发放、汇兑、储蓄、发行有价证券等,都属于金融活动。银行和证券交易所是专门从事上述活动的主要金融机构。保险是对财产因意外灾害或人身因伤亡所造成的经济损失的一种社会互助性补偿,一般分为财产保险、人身保险、责任保险和意外保险等。保险公司是专门从事保险业务的机构。金融保险业主要包括工商信贷、农村金融、储蓄、国际金融结算、外贸信贷、外汇和侨汇管理、保险等。

金融保险业的职业类别:主要有银行出纳、会计、信贷员、银行外汇管理员、精算师等。

(四)行业

行业是指从事相同性质的经济活动的所有单位的集合。行业是采用经济活动的同质性原则划分的,即每一个行业类别都按照同一种经济活动的性质划分。我国于1984年颁布的《国民经济行业分类和代码》,把我国国民经济分为13个门类,1994年进行了修订,2002年颁布了新的《国民经济行业分类》国家标准。

由国家统计局牵头修订的新标准,按照国际通行的经济活动同质性原则划分行业,立足于中国国情,考虑与国际的兼容,充实了第三产业,新增加了"信息传输、计算机服务和软件业""水利、环境和公共设施管理业"等门类。《国民经济行业分类》国家标准适用于计划、统计、财政、税收、工商行政管理等国家宏观管理及部门管理中,对经济活动进行的行业分类。

🐾 知识链接

我国行业的门类

新标准将国民经济行业划分为门类、大类、中类和小类四级,共有20个行业门类,95个大类,396个中类,913个小类。下面只列出20个行业门类。

(1)农林牧渔业;

(2)采矿业;

(3)制造业;

(4)电力、燃气及水的生产和供应业;

(5)建筑业;

(6)交通运输、仓储和邮政业;

(7)信息传输、计算机服务和软件业;

(8)批发和零售业;

(9)住宿和餐饮业;

(10)金融业;

(11)房地产业;

(12)租赁和商务服务业;

(13)科学研究、技术服务和地址勘察业;

(14)水利环境和公共设施管理业;

(15)环境管理业;

(16)居民服务和其他服务业;

(17)教育;

(18)卫生、社会保障和社会福利业;

(19)文化、教育和娱乐业;

(20)公共管理和社会组织。

二、职业发展趋势

当你打开这本书时,你可能会对自己说:"职业生涯规划真的值得学习吗?当今世界,似乎没有什么事情能够持续更久。我们面临着各种不确定性——经济危机、就业压力、变化加剧、家庭危机等——在这样一个多变的时代里,谁能计划未来?"这就是为什么如此众多的人对进行职业生涯规划给予如此稀少考虑的原因吗?职业生涯研究者在全国范围内的调查发现,只有22%的人在开始他们现在的工作或职业生涯时,做出了有意识的选择和遵循一个确定的计划。显然,其余78%没有进行职业生涯规划的人依靠运气来救助他们自己。然而,机遇通常只垂青那些有准备的头脑,这正是职业生涯规划发展计划的诸多优点之一。

学习职业生涯规划值得吗?答案是一句话——值得!想想你为之要冒什么样的风险吧!它关系到目前你人生的大部分时间、你的自我认同感、收入来源、还有你绝大部分的生理和心理的幸福感。你所要做的工作占用了你毕生最好的年华,让你赖以维生,并且界定了你是一个怎样的人;它决定了你大部分的生活风格和身心健康。生活中很难找到比工作更重要的事情了。你要是不信,随便问一个有事业的人,他/她就会马上告诉你工作是多么重要。所有职业生涯问题的共同点在于,流行的现实和我们所期望的事情之间的鸿沟。

"职业生涯""职业"和"职位"这些术语对于很多人而言意味着同一个东西。"职业生涯"是个体跨越时间的一系列工作经验的总和,它是这3个词中涵盖面最广的一个概念。"职业"是指一个人的行业、专业、领域。如今,有很多人都会在自己的职业生涯中期改变职业。"职业"则可泛指在某一行业中拥有的一系列职位。也就是说,职业生涯包含了一个就业时间跨度,这期间涉及一个或几个职业,而在每个职业中又可以有一系列的职位。例如,网络管理员是一个职位,信息技术是一种职业,而从数据录入员做到网络管理员的过程则展现了一个人的职业生涯。

(一)职业生涯课程给你带来什么

错误的工作是你做着一份不适合你的工作。如何给职业决策者进行分类呢?第一类:你已经确定了职业目标或主修专业,可你不确定这个选择是不是适合你。也许你觉得自己是迫于压力才做出决定的,因为学校要求你确定专业,或者是你想让父母(或生活中的其他重要人物)满意。也可能是你在结束原有的工作之后刚好有一个机会,你就接受了这份新的工作。总之,你对自己的选择有些疑虑。现在,已经到了通过咨询或职业选择课程来检验自己决定的时刻。第二类:你知道你对自己的职业选择还不确定,但你相信自己已经做好了准备,也有能力来做一个选择了。也许你担心自己会做错误的选择;也许你意识到你对自己和工作世界都还不了解,但是你愿意对此进行必要的探索。不论你在职业选择上的犹豫不决是出于什么原因,你都相信职业生涯规划课程可以解决你的问题或至少有所帮助。第三类:人们不能做出职业选择的原因是,每当他们想做决定时,就感到极度的紧张和焦虑。这是对生活的一种忧惧不安的感受。你可能觉得你在生活的所有领域都难以做出决定,而不仅仅是在职业上。你感到自己无力解决生活中问题,总是遇到各种障碍或被他人所左右。你觉得自己的生活漫无目标,也没有动力去为基本存在的问题做些什么。你需要解决许多问题才有可能投入某些事情,如投入职业选择中去。如果是这样,先去做个人咨询会比上职业指导课或参加职业决策团体活动更有助于处理你的问题。

职业生涯规划课程或职业咨询显然会对前两类人有所帮助,但对第三类人恐怕就会成问题。对职业上的犹豫不决现象的研究是长期的、广泛的。职业成熟度的概念通常产生自开始一项职业生涯规划的项目之前。职业成熟度是一种能力,这种能力使你做出合适的职业生涯决策,意识到做出职业生涯选择的要求和这些选择随着时间推移所具有的现实性和一贯性的程度。职业成熟度的另一个指标是你对规划职业生涯、探索职业、收集信息和进行职业决策的意愿。现有的一些测评问卷将帮你确定你准备从事职业生涯决策的程度。职业生涯咨询员将帮你识别、完成并解释一个合适的职业成熟度问卷。考察你参加职业生涯发展课程或寻求职业生涯咨询的意愿,以便你和你的老师可以确定,你将有效地集中自己的注意力于职业生涯活动的程度。

你在职业生涯规划上所付出的努力会给你带来心理上和经济上丰厚回报。你将从职业中获得自我认同感,你还可以在职业中实现自我,并为这个世界创造价值。假定你工作40年,每年工作40周,每周工作40个小时,那就是64 000个小时。这可是时间上的大笔投资。如果你平均年收入为50 000元,那你就会成为百万富翁。你所做的工作也在很大程度上决定了你的业余生活。工作是生活的重心。法国作家阿尔伯特·卡玛斯(Albert Camus)对工作有如下感悟:"没有了工作,生命就会腐蚀。但工作若失去意义,生命就会窒息、停止。"

(二)金斯伯格和舒伯的职业发展理论

金斯伯格与舒伯的职业理论都基于人均会经历的人生发展阶段。其他一些作家也设想生活由几个阶段构成。

金斯伯格认为职业发展是长期的过程,并把它分为3个阶段——幻想期、尝试期和现实期——在理想的职业与现实可找到的工作之间,以职业决策作为最佳的调节手段(见表1-1)。

表 1 - 1　金斯伯格的职业发展阶段

幻想期	尝试期	现实期
	a. 兴趣阶段	a. 探索阶段
	b. 能力阶段	b. 固化阶段
	c. 价值阶段	c. 明确阶段
	d. 过渡阶段	

活动设计:我在"表1-1金斯伯格的职业发展阶段"中处于什么位置?

儿童在游戏中根据所见到成人的表现来扮演职业角色,则是处于幻想期。儿童可以不考虑现实的能力和潜质,仅为了高兴而在游戏中做著名运动员、天文学家、运动明星。尝试期又可以分为兴趣、能力、价值和过渡阶段。当你意识到你喜欢某些东西,兴趣阶段就开始了;当你发现某些事情你做得比别人都好,你就进入了能力阶段;当你发现某些东西对你比对别人更为重要,价值阶段出现了。过渡阶段你变得更加自信、更有职业意识。这会带你进入现实期。现实期的探索阶段是你刚刚进入大学或开始全职工作、在探索几种不同的职业时期,这时你可能还不需要选定一种职业。下一阶段是固化阶段,你选定了主修专业或某种职业方向,职业模式出现了。最后是明确阶段,你在专攻某个学科或选定了特定的工作。有些人很早就选定了职业不再改变,也有很多人在有确定的职业模式前换过很多职业。有些人则从未完成这个过程,从未确定自己的职业模式。

舒伯认为职业发展是人生成长的一部分。除了职业角色外,你还会在一定的年龄扮演某种其他角色,如孩子、学生、公民、配偶、父母、家庭主妇、退休人员等。舒伯将职业发展分为下述阶段:

(1)成长阶段。这是生理、心理发展时期,在这个阶段你形成了塑造自我概念的态度和行为(自我概念指"你怎样看待自己")。

①前职业期。没有表现出职业兴趣或试图做职业选择。

②幻想期。此时对职业的想法主要是幻想。

③兴趣期。对职业的考虑主要出于个人好恶。

④能力期。开始考虑能力和职业要求。

(2)探索阶段。此时你逐渐意识到职业将成为生活的主要组成部分,你开始在学校里进行初步的职业尝试,做兼职工作,也参与休闲活动。

①尝试期。个人的需要、兴趣、能力、价值观成为职业选择的基础。

②过渡期。你进入人才市场或寻求深造的机会时,会对工作世界的就业机会做现实考虑。

③试验期。你找到并试验某种工作,你相信它有可能会是你毕生后从事的行业,但还没有最后决定。

(3)确定阶段。你相信自己已找到合适的工作领域,并希望确立自己长期的定位。

①稳定期。这期间可能有一两次职业变动,但职业选择的决心已更为深入。(有些人可能会逐渐清楚地认识到工作可以由一系列不相关的职业组成)。

②前进期。随着你的职业模式变得清晰起来,你也极力为自己在工作世界中谋一个稳定的位置。对许多人来说,这是一个创造和成长的时期。

(4)维持阶段。你主要是在选定的职业上继续前行,保持已有的收获。

(5)衰退阶段。你的体力和精力都在衰减,工作进展会减缓乃至停止。

①衰减期。在这个阶段,工作活动会减弱。有些人会以兼职工作代替全职工作。

②退休期。工作停止——也许容易,也许艰难,也许由于死亡。

活动设计:我在舒伯的职业发展阶段中处于哪个位置?

看看表1-2并标出你的位置。用舒伯的话说,你的回答显示出你的职业成熟度。职业成熟度意味着在生活的不同阶段发展适合的态度、形成相应的行为并完成对应的任务。掌握某个职业发展阶段特定任务会带来更多的职业上的成熟和下一阶段的发展。表1-3总结了这些任务、态度和行为。

表1-2 舒伯的职业发展阶段

阶段	成长	探索	确立	维持	衰退
时期	a.前职业期 b.幻想 c.兴趣 d.能力	a.尝试 b.过渡 c.试验	a.稳定 b.前进		a.衰退 b.退休

表 1-3 职业发展的任务

生活阶段	职业发展任务	描述	适合职业发展任务的态度行为
青春前期	确定职业偏好	形成对适合自己的职业的看法	认识到确定偏好的必要,动用个人资源,注意环境因素,根据价值观识别自己的兴趣,意识到现在与未来的关系,形成大致的偏好,获取关于所喜好的职业信息并为之做计划
青春中期	细化职业偏好	从职业方向中选择特定职业	态度行为与确定偏好期类似,但都与细化偏好有关
青春晚期	实现职业偏好	结束教育开始工作	
青年期	在职业中稳定发展	进入合适的工作领域	
中年期	巩固位置并发展	为自己找到合适的位置	

舒伯对职业模式进行了研究。职业模式从工作者的生活中可以看出来。以下介绍的职业模式摘自舒伯的研究成果。看看你自己属于或将会是哪种模式,把与你最相近的描述圈出来。

(1)职业稳定型。毕业后在不同单位做一系列相同行业的工作。

(2)组织稳定型模式。毕业后在同一单位做不同的工作。

(3)常规型模式。毕业后尝试一个或多个工作,而后稳定下来。

(4)双轨型模式。毕业后同时从事两个行业。

(5)中断型模式。毕业,工作,中止工作,再重新工作(常见的如被解雇或生孩子)。

(6)不稳定型模式。毕业后不断换不同行业的工作,或职业生涯未成形就有变化。

(7)多方试验型模式。毕业后不断变换工作,从未建立自己的职业生涯。

舒伯写道:"选择职业实际上是在选择实现自我概念的方式。"自我概念可以说是你对自己的信念。是你对"我是谁?"这个问题的回答。当你度过每个职业发展阶段的危机并在其中前进时,会形成健康的自我概念。当你选定一个职业时,你实际上在说:"我是这样或那样的人。"当你在某种职业中工作并调整时,你可以发现这工作是否与你相适应并允许你扮演自己希望在生活中扮演的角色。在某个职业中工作是用现实来测试你的概念,并判断你能否实现对自己的想象。

(三)预测职业发展趋势是一门有难度的艺术

没人能完全准确地预言未来职业发展趋势,因为有很多不可控因素:经济兴衰、政治决策、技术进步、地理变化、人口变动、文化价值的变迁等都是影响因素。所有预测都落后于时代。等你看到对某种职业的预测时,两三年时间已经过去。此外,在职业的天平上,摆锤总是在两极之间来回摆动。一边是有些职业急需用人,另一边是某些职业从业者过多。没人知道这个摆锤何时开始摆动,何时停止摆向这边而移向另一边。它移动的速度有多快,以及当你入行时它会处在什么位置。当你了解到对某一项职业的预测时,摆锤的位置方向和速度可能都已经改变。

对劳动力市场的预测可以分为 3 类：乐观的、中性的（其他两种的混合）和悲观的。乐观者对未来充满极大的期待。他们想象中未来的工作蓝图是高科技、计算机、机器人、不断的革新、扩展的想象、工作者与管理者之间更好的互动、快速的工作变动、知识爆炸产生新的令人激动的职业。中性论的最佳代表是政府的预测专家们。政府的预测中假定：在所预测的这些时期内不会有大社会剧变和工作模式的重大改变。但没有人能保证这些假设一定会兑现。保险的说法是这些预测不会完全准确。悲观者则强调高失业率和就业不足、新出现的低薪工作多于高薪工作、处于富裕阶层和贫穷阶层之间的中产阶级逐渐衰落、位于社会底层、报酬过低的工作者增多、做临时和兼职工作的人数上升等。

选工作时是不是只能选那些就业人数在上升或从业者供不应求的职业呢？有人会说："是的——找一个正在衰退、都不能给你一份稳定工作的职业是不明智的。"只有当所选的职业完全衰亡时这种说法才是正确的。这种说法没有考虑到因补充离职人员空出的位置而形成的需求。一项职业的工作机会有两个来源：人员需求增长，或替补需求。当然，新兴的职业会有更多的工作机会。但在多数职业中，是人员替补需求提供了主要的工作来源。即使一个职业的用人数目下降，因为在职人员退休、离职、死亡、晋升、受伤、体力衰弱或因任何原因换工作等，仍会有职位空缺。如果仅就职业发展趋势来做职业选择，你会错过自己喜欢的而且觉得有意义的工作。另一个考虑因素是打算加入某一职业的人数。我们可以相当准确地说，如果某职业的从业人数供过于求，那么，在某个时候你所面临的竞争就会下降。我们所说的摆锤会向人员短缺的地方移动，因此，在某个时候你所面临的竞争就会减弱。总而言之，做职业规划时要将职业发展趋势考虑进去，但不要完全凭借它来做决断。在信息社会中，人们主要是创造、加工和传播信息。工业社会的集中生产体系会让位于信息时代的分散的工作场所。国民经济会发展为相互依存的全球性经济，将出现一个全球性的经济繁荣时期。人们会更多地为自己的健康、教育、工作和幸福负责，而较少依赖于公司或政府机构。工作场所中的交流将更多地使用网络，而非仅仅等着信息自上而下地传递，20 年前，对一般人来说，所有这些关于未来的预测不是那么显而易见的。但是，他们现在都被很好地证实了。依据这些或其他的预测做决定的人们从这些信息中获益，许多经济因素和劳动力市场趋势将影响到我们即将要描述的未来几年的职业蓝图。

（四）劳动力市场的发展趋势

未来 10～15 年内，我国劳动力的增长率将远远低于以前。政府对于劳动力的定义包括在职者和求职者这两个方面。未来的劳动力大军中女性的数量将持续增长，增长率将显著增加。为什么更多的女性投入工作？主要是因为她们更多地接受了高等教育，而且她们踏入了传统的男性职业领域：科学、工程、管理、银行、贸易、政界等。在未来的 10～15 年内，我国的劳动力大军平均年龄会过于老化，在未来的 15 年间劳动力中 55 岁以上者所占的比例将大幅度提高，他们可能成为劳动力群体中各种年龄段增长数目最多的群体。这一群体将会体验到即将到来的最彻底的改变，而这主要是由于"生育高峰一代"——出生于 1962～1972 年这 10 年间的人们的老化所造成的。到了 2022 年他们的年龄已经是 60～50 岁了，到了 2027 年他们已经是 65～55 岁了。

今后 10 年内我国的青年劳动力市场数量将比过去的 30 年减少，因为目前在广大的农村，1990 年以后出生的年轻人中有大量的是独生子女。这主要是他们的父母大都受到一定的教育，改革开放和互联网因素致使他们视野开阔，文化素质提高，惠农政策的普及解决了很多后顾之忧,致使 1970 以后出生的父母选择了独生子女的家庭模式,所以未来 10 年我国的青年劳动力会呈现剧减趋势。

知识链接

未来劳动力市场的变化趋势

(1)人们更多地变换自己的职业。人们现在期望在自己的职业生涯中能够从事第二和第三职业,他们期望每 10 年能够做出重大的职业变动。大多数人会在从事现有工作的同时为其下一个职业参加学习,为新的职业做好准备。

(2)双职工家庭将成为今日职业世界的标准。目前夫妻双方均从事全职工作的家庭占 70%,预计未来 10 年左右这一数字将会上升到 75% 以上。当有了孩子,双职工家庭将对孩子的照料及由此而来的作为父母的休假提出更高的要求。企业担心这种适应形势的家庭福利可能会对其利润造成损失,除非它能与其产出的等量收益相匹配。

(3)白领职业将继续增长。劳动力大军中的蓝领工人所占的比例将持续下降。随着技术革新加速,就业机会将持续从体力产业转向知识产业。新技术和信息爆炸的结果之一是需要高深的脑力而非强壮的体力。分析工具、电子通信、信息处理都是信息产业的代表者。将它们集中起来,知识技能型工作者的数量比劳动力总量的一半还要多。知识技能型工作者将成为熟练制造小组、信息系统设计、经理、专家、教师、科学家之中的一员。发展最迅速的行业是微电子、生物技术、新材料、电子通信、民航制造业、机器人、计算机硬件和软件业。

(4)知识技能型工作者将继续在劳动力中占有主导地位,许多类型的组织将以他们为核心。即使在制造业中,知识技能型工作者的数量都比蓝领工人要多。据有关数字显示,10 年前,制造业中 40% 的支出用于劳动力开销;而今已经下降到了 22% ~ 35%。在自动化生产中,劳动力最为密集的能源产业,以及需要花费劳动力的最先进的工厂机构已不到 30%。知识技能型工作者一个最大的特征是无边界,因为在信息社会知识传递是如此地方便。他们的另一个特征是积极向上,他们可以通过教育轻而易举地获得这种机会。知识社会将是高度竞争的社会,失败和成功有着同样高的可能性。

(5)作为生产工具的知识技能曾经几乎被企业所垄断,现在越来越被知识技能型工作者所拥有。19 世纪末当有限公司被提出来时,它意味着生产工厂、机器、工具以及操作。工人们依靠着有限公司谋生。而对于知识技能型劳动者而言,这种依附关系已不存在,今天有限公司依靠知识技能型劳动者生存。当公司经理需要生产商品和提供服务的时候,他们没有所需的这方面的技术和科学专家的意见,因此他们必需聘用知识技能型人才。正是由于这一发展趋势,知识技能型劳动者正在变成公司的平等合作人。

(6)创新正成为经济发展的动力。许多社会和经济学家都认为那些富于创造力的人们已成为社会的统治群体。创造力的核心行业是研究与发展、出版、软件、电视和电台、设计、音乐、电影、玩具与游戏、广告、建筑、艺术表演、手工艺、可视游戏、时尚与艺术。

(7)服务业工作职位的增长将继续远远超过制造业。未来 10 年服务业(护理、商业服务、批发零售、交通、通信、教育、金融等)的就业人数将是制造业(制造、建筑、矿业)的 4 倍以上。预计未来 10 年间,在非农业有偿工作增加机会中,服务业将占据 75% 的岗位。在未来我国经济社会发展中,每 4 个工作职位中将有 3 个是由服务业提供的,未来 10 年至少有 3/4 的工作者在服务业而非生产制造业工作。服务业的薪酬也提升很快,从低薪的快餐服务员到高薪的管理、法律、通信、计算机服务人员都是如此。

(8)大部分新工作将由小型企业提供。以前有2/3的职位是大型企业提供,未来将是小型企业创造更多的工作机会。研究调查揭示:成长型企业——生命力惊人旺盛的小型企业,将成为我国新工作岗位主要提供者。由小型商业提供的产业和职业的专业化创造了新的市场机会。旧的专业已经过时,新的专业出现得越来越快,提供了更多的职业选择。

(9)大公司变得越来越小。没有人希望大公司消失,然而,大公司正在分解并重组为一些联合体,在这一联合体中每一部门全权负责制定产品的某一部分。虽然至今仍盛行生产的基本原理:公司在统一管理下承担所有的生产活动。但现在,一个公司将这些生产活动(计算机编程、数据处理等)"外包"给其他的公司,提供外包的公司既有国内的,也有来自海外的。越来越多的全职工作者将被某一组织的边缘所聘用,即他们将替外包承包者工作,并被战略性地安排到那些能够让他们的专业知识发挥最大贡献的地方工作。现在商业通过联盟、合资、协议和合作投资得到了发展。公司的未来取决于其高层管理,其他的生产活动均可外包。公司曾经是工作和财富的制造者,但是现在大公司(尤其是跨国公司)所面临的最大挑战是它将如何使其价值、使命、前景变得更加有效。

(10)对许多劳动者来说大公司仍具有吸引力。你愿意在大公司还是小公司工作呢？小公司声称他们提供更为灵活的工作规定和创造性的问题解决办法、个性化的培训以及更为人性化的工作环境。随着大公司采用自动化和信息化技术,捐弃旧的层级结构,采纳扁平式管理,公司的平均规模在缩小,有时甚至剧烈缩减。不过,也有人看到了小公司的另一面:它们提供了大量工作,同样也打碎了许多工作者的饭碗。两者一叠加,小公司的好处就抵消了。小公司的风险更大,许多都将失败、倒闭。小公司一般薪水更低、福利更少,采取新技术较慢,并且要依靠那些他们为其做承包或供应的大公司。大公司则通常有较好的薪资福利,发展机会较多,工作也较为稳定。

(11)安全关注方面的就业人数也在增加。随着国际对安全和军事的极大关注,国家加强了安全和军事方面的力量,由此产生了对更多的机场安检员、空中执行官、边界巡逻队、移民代理人、货船监控员、危险废物保护员,以及犯罪记录检察员的需求。

(12)更多的工作机会来自替补需求而非职业增长。替补是指一个职位由于前任升职、退休、死亡、生病、受伤、离任或其他原因而由一个新人来任职。职业增长是指由于行业提供的产品或服务的增长需求更多的人手。因为求职者的注意力都在新兴或快速成长的行业上,他们可能会忽视强调替补需求的传统行业。主要的职业群体中,替补需求和增长需求的模式不同。专业性的和与之相关的行业群体提供的工作机会多是出于增长需求而非替补需求。尽管如此,在这一群体中有三种缓慢增长的行业:农业和能源业,教育、培训和图书馆行业,以及社会科学行业,它们提供的替补机会预计将超过增长机会。尽管健康护理行业将由于工作增长的需要产生更多的工作机会,但其他所有主要行业群体预计更多地出于替补需要,而非增长需要来提供工作机会。

三、职业意识与职业能力

在当今时代,社会的竞争就是人才的竞争,而人才的竞争取决于人才素质的竞争。社会的发展要求我们成为一个有理想、有抱负的高素质的现代职业人,健康的职业意识则是职业人工作心理的核心部分,职业意识统领职业生涯,也对职业的发展起到调节和整合作用。职业意识的形成是知、情、意活动的统一,体现在正确的认知、积极的情感、坚强的意志和良好的职业行为等方面,同时需要在学习和实践中,不断经受历练来培养和养成,从而为成为社会职业人奠定坚实的基础。职业是实现人生价值的舞台,让我们自觉地把职业当成事业来做,在社会实践中不断地发展自我、完善自我,创造卓越的业绩和辉煌的人生。

(一)什么是职业意识

所谓职业,通俗地讲就是个人在社会中所从事的、较为稳定的、并且以其报酬为主要生活来源的工作。它是人一生所从事的工作岗位和与其相适应所扮演的一系列社会角色的综合。职业是维持个人、家庭生存和发展的手段,是获得个性发展、实现自我价值的途径,同时也是个人社会地位的象征。意识是大脑的一种属性功能,是对客观现实能动的反映,是大脑里进行的一种活动。意识活动能够监视、控制全身的活动;意识能使人类认识、改造世界,也包括认识、改造人类自身;意识能表现、发泄、抑制人的感情,又能使人有独立的思想、人格、个性、个人意志等。从心理学上讲,意识是指自觉的心理活动和表现,即对客观现实的自觉反映,也就是意识的自觉认识和表现。总之,意识是人的精神生活的重要特征。人的日常生活和学习都是在意识支配下进行的。

职业意识即从业者在特定的社会条件和职业环境影响下,在教育培养和职业岗位任职实践中形成的某种与所从事的职业有关的思想和观念。它反映一个人对于职业的根本看法和态度,是职业认知和职业行为的整合,包括职业认识、职业情感、职业意志与职业行为,它集中地表现为一种爱岗敬业的精神;同时,也自然地体现在从业者自我行为的规范、进取心和工作信念上。职业意识是人在职业问题上的心理活动,是自我意识在职业选择领域的表现。职业意识的形成不是偶然的,而是经历一个由肤浅趋于深刻、由模糊趋于鲜明、由幻想趋于现实的发展过程。随着经济的发展,各行各业越来越重视职业意识的培养,尤其是对那些即将走向工作岗位的大学生,树立牢固的职业意识尤为重要,它与每个人的前途息息相关。作为一个准职业人,要想有更好的发展,就必须培养自己正确的职业意识。

(二)职业意识的构成

职业意识是从业人员的根本素质,是一个合格的社会职业人必备的条件,包括爱国主义、集体主义、爱岗敬业、诚实守信、办事公道、服务群众、奉献社会等优秀品质。拥有良好的思想素质,不仅是自己职业生涯成功的保证,也是促进企业发展和社会发展的需要。

知识链接

职业意识的构成

1. 学习意识

联合国教科文组织有一份非同寻常的报告——《学习—内在的财富》。该报告由国际21世纪教育委员会提供,提出了"终身学习是21世纪的通行证"的重要观点,并指明了终身学习将通过四大支柱实现,即学会求知、学会做事、学会共处、学会做人。换句话说,21世纪教育的四大支柱,也就是每个人一生全面发展的知识支柱。

现在是信息时代和知识经济时代。随着科学技术的迅速发展和创新,不仅使人类社会知识总量迅速增加,而且使人类获取知识和对知识的应用能力大大地提高,知识老化周期大大缩短。有关研究表明:目前在工业发达国家里,一个人全部在业期间内平均更换4~5次工作岗位。经济与社会发展要求我们终身不断地学习新的知识和技能,因而可以说终身教育是"从襁褓到坟墓的教育"。

学习要有高度的自觉性,你必须要有强大的自律能力并深信自己有足够的能力去管理自己;学习成长的路是崎岖不平的,你必须战胜挫折、迷惑,抵制各种使你偏离目标的诱惑,虽然这个过程可能让你感到痛苦,而当你战胜它们,看到自己一步一步成长,那将是人生最大的喜悦。只有具备学会学习的能力,才能不断进行技术的创新,适应时代的要求。学习包括更新自己原有专业知识,掌握新的技能,结合各门学科知识来发展和完善自我;不但要"学会",而且要"会学",掌握正确的学习方法,把有用的知识转化为自身素质的提高,真正成为时代所需要的高素质人才。

2. 实践意识

职业意识是一个人将来能否胜任所从事职业的一种自我调节力量,也是自己在学习活动中的一种动力和自我价值追求的体现。职业意识的培养与养成,需要通过系列的专业化学习和训练的实践活动来得以实现,因为在专业实践、实训、顶岗实习的过程中,你能够了解某种职业的社会要求,有针对性地调节自己的活动,朝职业需求的方向去发展。职业意识有利于提高学习兴趣和学习效率,增强学习的主动性和创造性,尽快地掌握相应的知识技能,较快地完成职业习惯的模仿、学习和形成,为成为合格的职业人打下坚实的基础。

在实践活动中成长。要虚心向有经验的同行学习,做有心人,细心观察,认真思考,探寻解决问题的途径;要有不怕吃苦的精神,因为经验的获得必须经过自身的实践与体验,只有在实践过程中,勇于战胜各种困难和解决各种问题,自觉地磨炼自己,才能增长才干,积累经验;要勤于思考,善于总结,这样才能使自己的职业能力在实践中不断完善、提高;要注重自我反省,自我反省就是要不断地反思过去、解剖自己、调节自我、完善自我。

3. 企业文化意识

企业文化是企业在经营活动中形成的经营理念、经营目的、经营方针、价值观念、经营行为、社会责任、经营形象等的总和。它是企业个性化的根本体现,是企业生存、竞争、发展的灵魂。如果把一个企业比作一个人,只有财富,没有积极向上的精神和良好的文化,那么这个企业就会萎靡不振,也绝不可能成为一流的企业。

要培养企业文化意识,就需到企业去实践亲身锻炼,体验感悟企业文化;要在职业岗位上实际操作,在职业环境中强化专业与技能的训练,这样既能了解本专业的职业技能又能做到学以致用,在企业文化中增强职业意识,培养职业综合素质,为成为卓越的员工奠定良好的基础。

4. 敬业意识

敬业就是对自己所从事的职业加以研究,有恒心、不怕苦、不虎头蛇尾、不见异思迁。也就是要求职业人热爱自己的本职工作,用一种恭敬、严肃、勤奋的态度对待自己的工作;勤奋是成功的催化剂,世界上任何事情都要有付出以后才能有回报,所以一定要勤奋。"天道酬勤",命运是掌握在那些勤勤恳恳工作的人手中。对人类历史的研究表明:在很大程度上,推动世界前进的人并不是那些理论意义上的天才人物,而是那些智力平平但非常勤奋、埋头苦干的人;不是那些天资卓越、才华四溢的天才,而是那些在每个行业勤勤恳恳、奋斗不息的人。一旦养成了不畏劳苦、敢于拼搏、锲而不舍、坚持到底的勤奋精神,则无论做什么事,都能在竞争中立于不败之地。即使从事技术含量低的职业,也少不了这些最基本的品格。古人云"勤能补拙是良训。"

5.奉献意识

奉献是一种只有付出不求任何回报、不计较个人任何得失的一种精神和理念,是一种真诚自愿的付出行动。无论时代发生怎样的变化,奉献精神永远熠熠生辉、光耀人间,永远是鼓舞和激励人们奋发向上的巨大力量。中华民族是一个具有伟大奉献精神的民族。职业岗位奉献就是对于本职岗位要有高度的责任心和事业心,有着高度的主人翁精神,忠于职守,尽职尽心,学会在实际工作中、在平凡的岗位上创造出不平凡的业绩。

6.创新意识

创新是一个民族进步发展壮大的核心精神,也是国家兴旺发达的不竭动力。创新能力其实是一种综合能力,它要求职业人具有强烈的创作欲、敏锐的观察力、准确的记忆力和良好的思维能力。俗话说得好:"英雄不求名列前茅、但求与众不同","与众不同"就是创新,就是标新立异。我们要从传统的中庸思想中解脱出来,对新思想、新经验持开放心态,积极思考那些未曾检验的假设。创新意识的培养需要有深厚的知识积淀,需要用科学的方法去进行思考,更需要锲而不舍的精神和毅力。在校期间,大学生就要特别注意科学思维方法的训练。科学思维方法主要是指创造性思维方法,从不同的角度、不同的路径来解决同一个问题,打破过去那种用一条路径和一种思维来思考不同问题的常规思维,善于用新的思维方式研究新情况、新问题,揭示新规律、创立新的理论。要培养善于运用逆向思维和侧向思维等方法来思考问题,培养创造性思维能力,养成创造性思维习惯,时刻带着寻找"新大陆"、发现"新问题"的想法进行创造性思维活动。

7.竞争意识

竞争是一个国家发展的基础,是人类进步的基石。只有存在竞争,社会才会有活力,才能在激烈的竞争中不断地更新自我、超越自我、发挥潜力;只有重视竞争、有着强烈的竞争意识才能不断地超越,走在时代的前列。社会竞争在于综合素质的竞争。增强竞争意识,不仅是懂得竞争的意义,更重要的是应该懂得具备什么样的素质去竞争。要有优秀的思想品质,这是成人成才的基础,这是因为不成人者不可以成才;要有真才实学、过硬的知识技能以及解决实际问题的能力,才能为社会贡献自己的智慧和力量;要养成竞争习惯,在丰富多彩的专业技能竞赛活动中,去锻炼并提高自己的竞争实力,以便于更好地适应现代社会。

8.合作意识

职业活动中不仅需要竞争,还要有合作精神。竞争与合作相伴而生、相离而失。实践证明,一个人的职业活动总是与一定职业群体相联系,离不开同行的支持与合作,特别是在生产力高速发展的现代,职业分工越来越细,劳动过程更趋于专业化、社会化,需要加强联合。产业间相互依托、相互制约、相互促进的发展趋势,也要求一个单位中的部门之间、员工之间必须团结协作。无论从事什么样的职业,都离不开与诸方面的协作关系。沟通是双方理解的开始,也是合作的基础。人与人之间的好感要通过实际接触和语言沟通才能建立起来。一个员工只有主动跟老板面对面接触,让自己真实地展现在老板面前,才能让老板直觉地感受到你的才能,才会有被赏识的机会。

9.效率意识

伟大的管理学家彼得·德鲁克说过:"所谓的效率,就是使能力和知识资源能够产生更多成果的一种手段",成功的职业人可以有不同的脾气、不停地能力;他们所做的事不同、做事的方法也不同;他们的个性、知识和知趣也不尽相同,事实上,他们可能在任何方面都不相同,但是却有一个共同点:人人都有做好该做的事的能力。那就是他们在实践中都要经过一段训练,这个训练使他们工作起来能卓有成效。不管他们是干什么的,但是这个训练内容确是一致的。也就是说效率意识是一种后天的习惯,是一种实践的综合。既然是习惯就是可以学会的。习惯靠学习获得,是逐渐养成的过程,就像我们学习乘法口诀一样,我们每天读乘法口诀,一遍又一遍,直到我们纯熟到不加思考下意识随口而出"六六三十六",那就是成为我们固定的习惯了。学习习惯必须反复地实践不可。说某人工作很有效率,其实只是说此人能胜任此工作。

要想成为一个有效率的人,必须在思想上养成习惯:要知道自己的时间用在哪儿,人的时间是有限的,要学会系统地控制时间,并善于用时间;要树立为成果而工作的思想,在接受工作任务后第一要思考的是"别人期望我做出什么成果?";要善于利用长处,包括自己的长处、上司的长处、同事的长处、下属的长处;善于抓住有利的形势做想做的事;要集中精力于少数重要的领域,在这些少数重要的领域中,如果能有优秀的绩效就可以产生卓越的成果。要事第一,不重要的事放一放;善于做出有效的决策,快速的决策多为错误的决策,真正不可或缺的决策数量并不多,但一定是根本性的决策。工作及生活需要的是正确的战略,而不是令人眼花缭乱的战术。

10.诚信意识

诚信不仅是一种品行,更是一种责任;不仅是一种道义,更是一种准则;不仅是一种声誉,更是一种资源。就个人而言,诚信是高尚的人格力量;就企业而言,诚信是宝贵的无形资产;就社会而言,诚信是正常的生产生活秩序;就国家而言,诚信是良好的国际形象。何为诚信? 诚即真诚、诚实;信即守信讲信用。诚实守信是中华民族的传统美德。孔子的"人而无信、不知其可也",李白的"三杯吐然诺,五岳倒为轻",民间的"一言既出,驷马难追",都道出诚信的重要性。

社会上有这样一种观点,认为讲诚信是一种"理想化的美德",现实生活中,做老实人,讲诚信,往往要吃亏的。不可否认,当前社会上确实存在这样的现象,如相同的商品,弄虚作假者能更多地获利,诚实守信者相对而言获利更少了;同样在考试,作弊者可能答案更加完美,而诚实的人可能无法给出准确完整的答案——很多事实说明,做老实人是要吃亏的!

但是要记住"言而无信、行之不远",在现实生活中大量的事实已经证明,不诚实者可以一时获利,但是不能长久,更不可能持续发展壮大。在现实生活中,人们是愿意和诚实的人、诚实的企业打交道的。人们向往诚实的社会、诚实的国度,它已经是衡量人与社会的重要的标准之一,诚实能形成巨大的品牌效应,让职业人在未来的职业生涯路上走得更高更远。在现实生活中,我们要做到诚实地求职,诚实自己的言行,诚实自己的每个承诺,勿以诚小而不为之,诚实从现在开始,诚实从我开始。

(三)什么是职业能力

职业能力是人们成功地从事某一特定职业活动所必备的一系列稳定的、综合性的个性心理特征。职业经理人发现,正如商品有无品牌其价值相差悬殊一样,个人也可以创造品牌,并且个人杰出的能力是形成个人品牌的核心。个人品牌是与身价紧密联系在一起的,个人品牌知名度越高,给企业带来的经济效益就越大,个人的身价也就会越高。

　　能力是指顺利完成某种活动所必须具备的一种心理特征。从人们从事的活动中,就能看出你是否具备某种能力,而且这种能力达到了什么水平。职业能力是指顺利完成某种职业所必须具备的心理特征。例如,数学能力、音乐能力、机械操作能力、绘画能力等。这些能力都是完成某种特定职业活动必须具备的能力,它是了解自己能否胜任某种职业的依据,与职业选择具有直接的联系。

　　能力对人一生的职业道路的选择、事业的成败具有重要的作用。任何职业都要求从业者掌握一定的技能,具有职业能力与职业资格紧密联系在一起的特性。具有相当的职业能力可以获得相应的职业资格,凭这个职业资格可以从事特定的工作。例如律师、会计、程序员、导游等。难以想象让一名卡车司机驾驶一架民航班机会出现怎样的后果,也没有人会让文盲去操作计算机,因为他们不具备那些职业能力。职业不同,对技能的要求也不一样。任何一种技能都是经过一定时间的训练后才能被劳动者所掌握的。而每个人的一生都很短暂,任何人都不可能在一生中掌握所有的技能。

知识链接

职业能力的种类

　　(1)能力实际上是由多种因素组成的复杂心理结构,一般来说,顺利完成任何职业活动都必须具备两种能力:一般能力与特殊能力。

　　一般能力是完成各种活动都必须具备的基本能力,它包括观察力、记忆力、思维能力和想象力,这是人认识世界的基础。因此,又称一般能力为认知能力,而且把这四种认知能力的综合称为智力。在学校阶段,学习各门学科的目的是为了奠定未来职业的基础,发展一般能力,开发智力。

　　特殊能力是在某种职业活动中表现出来的能力,它在职业活动中体现为职业能力。所以,职业能力指顺利完成某种职业活动所必须具备的心理特征。例如,数学能力、音乐能力、机械操作能力、绘画能力,等等。这些能力都是完成某些特定职业活动必须具备的能力,它是了解自己能否胜任某种职业的依据,与职业选择具有更直接的联系。心理学家认为,每一种特殊能力都是由制约职业活动质量的几种心理品质组成的。例如,飞行能力就包括注意力分配、手足动作协调、生物反馈、空间定向、知觉广度和图形辨认等心理品质。用人单位在招聘人员时,往往通过考察各种与职业活动有关的心理品质来预测求职者是否适合从事该职业。目前,各地的人才中介服务机构也开始采取心理测试的科学方法来选择人员。

　　(2)职业能力也可以分为两大部分,即专业能力和关键能力(见图1—1)。专业能力是指某一专业所对应的职业岗位必须完成的工作任务和职责,即根据职业岗位特性、技术工艺、设备材料以及生产方式等要求,对工作者的业务知识和技能操作能力提出的综合性水平规定。专业能力主要包括专业知识、专业技能、资格证、专业拓展等方面。关键能力包括学习的能力、外语能力、计算机使用能力、交际能力、社会能力、团队能力、创新能力等。关键能力是一种可迁移的、跨岗位的、跨职业的能力,由于当今职业和岗位都处于不断变动之中,一个人一生将要从事多个职业(在发达国家经跟踪调查显示每个人一生要更换四个职业或更多)。专业能力在你寻找第一份工作时起到至关重要的作用,但在人员进行流动过程中,社会适应能力、交际能力、团队能力等不依赖专业知识而独立存在于你的素质中,关键能力将会起到比专业能力更为重要的作用。

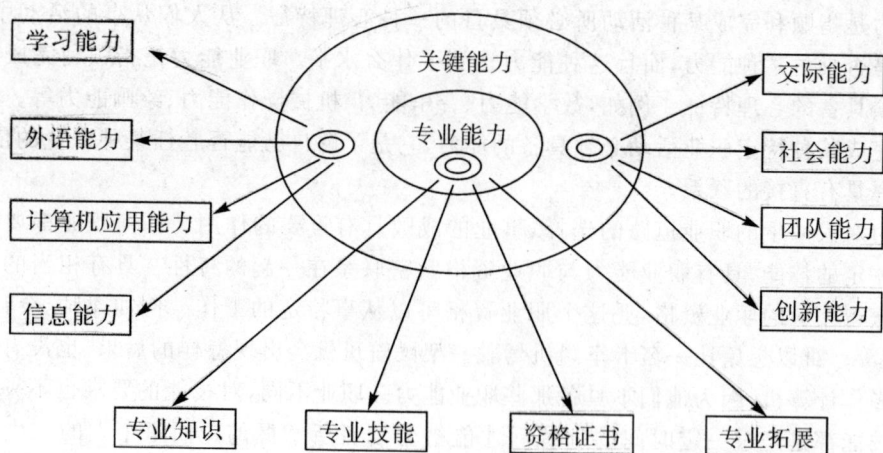

图 1-1　职业能力构成图

活动设计：职业能力倾向测试。

请你先完成下面的这个心理小测验。指导语：以下有 60 道题。如果你认为自己是属于这一类人，便在序号上画个圈；反之，便不必做记号。答题时不需要做反复思考。

(1)我喜欢自己动手干一些具体的能直接看到效果的活。

(2)我喜欢弄清楚有关做一件事情的具体要求，以明确如何去做。

(3)我认为追求的目标应该尽量高些，这样才可能在实践中多获成功。

(4)我很看重人与人之间的友情。

(5)我常常想寻找独特的方式来表现自己的创造力。

(6)我喜欢阅读比较理性的书籍。

(7)我喜欢生活与工作场所布置得朴实些、实用些。

(8)在开始做一件事情以前，我喜欢有条不紊地做好所有准备工作。

(9)我善于带动他人、影响他人。

(10)为了帮助他人，我愿意做些自我牺牲。

(11)当我进入创造性工作时，我会忘却一切。

(12)在我找到解决困难的办法之前，通常我不会罢手。

(13)我喜欢直截了当，不喜欢说话婉转。

(14)我比较善于注意和检查细节。

(15)我乐于在所从事的工作中承当主要责任人。

(16)在解决我个人问题时，我喜欢找他人商量。

(17)我的情绪容易激动。

(18)一接触到有关新发明、新发现的信息，我就会感到兴奋。

(19)我喜欢在户外工作与活动。

(20)我喜欢有规律、干净整洁。

(21)每当我要做重大的决定之前，总觉得异常兴奋。

(22)当别人叙述个人烦恼时,我能做一个很好的倾听者。

(23)我喜欢观赏艺术展和好的戏剧与电影。

(24)我喜欢先研究所有的细节,然后再做出合乎逻辑的决定。

(25)我认为手工操作和体力劳动永远不会过时。

(26)我不大喜欢由我一个人负责来做重大决定。

(27)我善于和能为我提供好处的人交往。

(28)我善于调节他人相互之间的矛盾。

(29)我喜欢比较别致的着装,喜欢新颖的色彩与风格。

(30)我对各种大自然的奥秘充满好奇。

(31)我不怕干体力活,通常还知道如何巧干体力活。

(32)在做决定时,我喜欢保险系数比较高的方案,不喜欢冒险。

(33)我喜欢竞争与挑战。

(34)我喜欢与人交往,以丰富自己的阅历。

(35)我善于用自己的工作来体现自己的情感。

(36)在动手做一件事情之前,我喜欢先在脑中仔细思索几遍。

(37)我不喜欢购买现存的物品,希望能买到材料自做。

(38)只要我按照规则做了,心里就会踏实。

(39)只要成果大,我愿意冒险。

(40)我通常能比较敏感地觉察到他人的需求。

(41)音乐、绘画、文字,任何优美的东西都特别容易给我带来好心情。

(42)我把受教育看成是不断提高自我的一辈子的过程。

(43)我喜欢把东西拆开,然后再使之复原。

(44)我喜欢每一分钟都花得要有名堂。

(45)我喜欢启动一项项工作,具体的细节让其他人去负责。

(46)我喜欢帮助他人,提高他人的学习能力。

(47)我很善于想象。

(48)有时候我能独坐很长时间来阅读、思考或做一件难对付的事情。

(49)我不怎么在乎干活时弄脏自己。

(50)只要能仔细地完整地做完一件事情,我就感到十分满足。

(51)我喜欢在团体中担当主角。

(52)如果我与他人有了矛盾,我喜欢采取平和的方式加以解决。

(53)我对环境布置比较讲究,哪怕是一般的色彩、图案都希望能赏心悦目。

(54)哪怕我明知结果会与我的期盼相悖,我也要探究到底。

(55)我很看重拥有健壮而灵活的身体。

(56)如果我说了我来干,我就会把这件事情彻底干好。

(57)我喜欢谈判,喜欢讨价还价。

(58)人们喜欢向我倾诉他们的烦恼。

(59)我喜欢尝试有创意的新主意。

(60)凡事我都喜欢问一个"为什么"。

然后,请根据你在上面自测过程中画圈子的序号,在表中相同的数字上同样画圈。

R	C	E	S	A	T
01	02	03	04	05	06
07	08	09	10	11	12
13	14	15	16	17	18
19	20	21	22	23	24
25	26	27	28	29	30
31	32	33	34	35	36
37	38	39	40	41	42
43	44	45	46	47	48
49	50	51	52	53	54
55	56	57	58	59	60
合计:	合计:	合计:	合计:	合计:	合计:

接着,根据每一栏所画圈的多少将排在前三位的栏目顶上的字母填在下面。

第一:

第二:

第三:

……

1. 实际型(R)

实际型劳动者愿意从事"看得见、摸得着"的工作。喜欢使用工具,特别喜欢操作大型机器。他们做起事来手脚灵活、动作协调。但不善言辞,不善交际,在社交场合往往觉得很不自在,最不喜欢教育工作与接待他人的工作。

给人的印象是:不合群的、实利主义的、谦卑的(避免抛头露面的)、循规蹈矩的、自然的、倔强的(不可变通的)、直率的、精神健全的、节俭的、坦诚的、有毅力的、缺少见识的、固执的、注重实际的。

对应职业类型:实际型职业主要是指各类工程技术工作与农业工作。主要有:机械、汽车、飞机、土木、采矿等方面的工程师和技术员;机械操作、维修、安装、热处理工人,矿工、电工、木工、鞋匠等;公共汽车、出租汽车、工业卡车的司机;轮船、火车驾驶员;测绘员、描图员、消防队员等;农业机械师、牧民、渔民等。

2. 探索型(I)

探索型劳动者乐于解决抽象问题,喜欢运用词、符号和观念进行工作。非常好奇,急于了解周围的未知世界。宁愿思考问题而不愿动手去处理问题，喜欢独立的和富有创造性的工作，而不喜欢从事社会性的和重复性的活动。通常不愿意受人督促，也不愿意督促别人。知识渊博，为自己的学识和才能感到自豪，而对自己的领导能力缺乏信心。

给人的印象是：分析型的、独立的、理性的、细心谨慎的、有智慧的、冷漠的（沉默寡言的）、不满的（善批评的）、内向的、孤独的、复杂的、悲观主义的、不摆架子的、好奇的、精确的和不合群的（不讨人喜欢的）。

对应职业类型：探索型职业主要是指科学研究和科学实验工作。

主要有：物理、化学、数学、生物学、动物学、植物学、经济学、人类学等方面的专家和助手；化学、飞机、电子、冶金、无线电和电视等方面的工程师和技术员；飞机驾驶员、电子计算机操作人员等。

3. 艺术型（A）

艺术型劳动者喜欢在以写作、作曲、绘画、摄影、建筑等各种艺术形式表现自己的环境里工作。乐于创造新颖的与众不同的东西，渴望表现自己的个性。比较敏感，易动感情，喜欢独立工作，而不过多关心社会纠纷。一般对单调的或经营性的工作不感兴趣。

给人的印象是：复杂的、不切实际的、直观的、目无法纪的、不守常规的、感情冲动的、有独创性的、善于表达的、独立的、敏感的、理想主义的和开放的。

对应职业类型：艺术型职业，主要指各类艺术创作工作。

主要有：艺术、音乐、戏剧、外语、文学、舞蹈等方面的教师；歌唱家、舞蹈家、乐队指挥等；编辑、广播节目作者；艺术、家具、珠宝等行业的设计师；文学、艺术方面的评论员等。

4. 社会型（S）

社会型劳动者喜欢从事为人服务和教育他人的工作，喜欢参与解决人们关心的社会问题。热情慷慨，善于交际，关心他人，人际关系很融洽。总是在寻求与群众接触的机会，渴望发挥自己的社会作用。平时，比较看重社会义务与社会道德。一般缺乏技术特长，不喜欢从事需要运用劳动工具的工作。

给人的印象是：向上的、乐于助人的、有责任心的、合作的、理想主义的、合群的、耐心的、八面玲珑的、友好的、仁慈的、善解人意的、慷慨的、有说服力的和温暖的。

对应职业类型：社会型职业主要指各种直接为他人服务的工作。

主要有：社会科学、历史、体育等方面的教师、保育员，教育行政人员；社会科学、政治科学、社会学、历史学等方面的专家；政治工作人员、职业护士；社会服务指导，体育教练；食品、戏院、酒店、旅社的经理；房屋管理人员；发型师；牙科助手，福利人员等。

5. 事业型（E）

事业型劳动者喜欢竞争，敢冒风险，精力充沛，乐观自信，善于交际、能说会道，具有领导才能。喜爱权力、地位与物质财富。一般不擅长科学研究，对系统而复杂的思维工作很不耐烦。

给人的印象是：精力旺盛的、好出风头的、乐观的、大胆的、兴奋的、自信的、讨人喜欢的、外向的、合群的、野心勃勃的、滔滔不绝的、盛气凌人的、风流的和贪得无厌的。

对应职业类型：事业型是指那些组织与影响他人共同完成组织目标的工作。

主要有：家具、杂货、艺术品、礼品、零售等行业的商人；农场、家庭用品店的经理；工程师；律师；市场和商业系统分析专家；银行、固定资产工作人员；工作关系指导、管理助手；供销人员、售货员;政府官员;无线电和电视播音员等。

6.常规型(C)

常规型劳动者喜欢按计划办事,乐于完成指令性的任务。总希望知道别人期望他干什么,自己从不谋求领导职务。不喜欢冒风险,对复杂的人际关系问题不感兴趣。工作踏实,忠实可靠,遵守纪律。

给人的印象是:小心的、缺乏灵活性的、有恒心的、遵守常规的、自我约束的、实际的、认真的、有条理的、拘谨的、被动的、顺从的、节俭的、有效率的、守纪律的和缺乏想象力的。

对应职业类型:常规型职业主要是指各类科室工作。

主要有:会计、出纳、统计人员;打字人员;办公室人员;秘书与文书;商业教师;图书馆助理;旅游、外贸职员;邮递员;接线员;保管员;书刊销售员;财政专家;审计人员;人事职员等。

第二节　职业生涯规划设计

案例导入

学生的困惑:一封来信

老师:

您好!我是一名大一的学生,即将升入大二,听老师和高年级的同学讲,现在大学生就业竞争十分激烈,既需要各种职业资格证书,也需要实际工作能力和实践经验,因此,我很担心毕业后找不到理想的工作,您说我该怎么办?

学生　陈兰

一方面,这个学生的担心是有道理的,因为中国有句古语:"凡事预则立,不预则废",大学生提前做好就业准备的计划十分必要,这称为职业生涯规划。另一方面,与那些"车到山前必有路"的人来比较,这个同学已经具有职业生涯规划的潜意识了。

任务导出

1.了解职业生涯规划的内涵。

2.掌握做好职业生涯规划的步骤、方法和职业生涯规划的基本技巧。

3.运用所学知识,科学合理地设计好职业生涯。

一、自我认知

"自我认识"是职业生涯规划的第一个环节,系统化的职业生涯规划是一个"从内到外"的过程,因此,在职业生涯规划时要先认识自己。诚实地自问,我有哪些人格特质?我的兴趣是什么?哪些东西是我生命中最缺少的?我最看重什么?我有哪些技能是与众不同、赖以为生的?人是一个负责的有机体,人如果没有这方面的意识,可能一辈子也不了解自己。唯有在真正了解自己的"性格特质""身体状况""职业倾向""生活环境""社会需求""理想与价值观"等后所做的生涯规划,方能锲而不舍地执行下去。

案例

哈利理是一名推销员,他曾在47年的职业生涯中,为207家公司工作。想象一下,如果一个人在一年内换5次工作,平均两个月就被辞退或跳槽1次,是多么的滑稽,他一辈子都在寻找自己!

案例简析:

哈利理的遭遇,其实在很多人身上都上演过,我们在嬉笑之余,应该认识到哈利理其实根本就不知道自己想要什么,想成为什么样的人。作为高职院校的大学生,从现在开始,就应该正确认识自己,知道自己需要什么,哪里还不足,然后对症下药。高职学生可以通过科学认知的方法和手段,对自己的职业兴趣、气质、性格、能力等进行全面认识,清楚自己的优势与特长、劣势与不足。自我分析要客观、冷静,不能以点带面,既要看到自己的优点,又要面对自己的缺点。只有这样,才能避免规划中的盲目性,达到规划适度。

(一)自我认知的基本内涵

1.我能够做什么——职业能力

即认识自我与环境,了解自己的长处与限制,能力和兴趣等。谨守分寸,才不会遭受挫败。

2.我可以做什么——职业目标

选择正确的发展目标,了解环境中有哪些机会与挑战,了解自己有什么需求,进而搜集有关的工作、职业信息。

3.我想要做什么——职业价值观

了解自我的价值观,积极思考想要做的是什么。

4.我应该做什么——职业定位

了解社会价值与职业生涯发展的关系,及自我的价值观,采取行之有效的实施步骤,加以适当的学习与自我训练,以培养工作领域中所需的基本能力与技巧。

(二)实现自我认知的主要方法:

1.五W分析法

(1)Who are you? 我是谁——明确自己的身份,便于定位。

(2)What you want? 我想干什么——了解自我的价值观,积极思考想要做的是什么。

(3)What can you do? 我能干什么——了解自己的长处与限制,能力和兴趣等。谨守分寸,才不会遭受挫败。

(4)What can support you? 环境支持或允许我干什么——了解环境中有哪些机会与挑战,了解自己有什么需求,进而搜集有关的工作、职业信息。

(5)What you can be in the end? 自己最终的职业目标是什么——了解社会价值与职业生涯发展的关系,及自我的价值观,采取行之有效的实施步骤,加以适当的学习与自我训练,以培养工作领域中所需的基本能力与技巧。

2.360°评价法

通过家长、朋友、老师、同学的评价,通过团体活动与他人交流了解自己。

3.人格测试方法

(1)能量倾向。外倾/内倾(Extroversion/Introversion)：

①外倾(E)。注意力和能量主要指向外部世界的人和事,从与人交往和行动中得到活力。

特点:关注外部环境;喜欢用谈话的方式与别人进行沟通;通过谈话形成自己的意见;用实际操作或讨论的方式学得最好;兴趣广泛;好与人交往;善于表达;先行动后思考;在工作和人际关系中都很积极主动。

②内倾(I)。注意力和能量都集中于外部世界,从对思想和情感的反思中得到活力。

特点:关注自己的内部世界;更愿意用书面形式沟通;通过思考形成自己的意见;用在头脑中联系的方式学得更好;兴趣专注;安静而显得内向;先思考后行动;当情境或时间对他们具有重要意义时会采取行动。

(2)接受信息。感觉/直觉(Sensing/Intuition)：

①感觉(S)。喜欢收集实实在在的,确实出现的信息。对周围发生的事情观察入微,特别关注现实。

特点:着眼于当前的情况、现实具体;关注正式的,实际存在的事物;观察敏锐,并能记住细节;经过仔细周详的推理进一步得出结论;通过实际运用来理解周详的思维和理论;相信自己的经验。

②直觉(N)。通过想象等超越感觉的方式来获取信息。喜欢看着整个事件的全貌,关注事实之间的关联。

特点:着眼于未来的可能;富于想象力和创造力;关注数据所代表的模式和意义;当细节与某一模式相关时才能记得;靠直觉很快得出结论;希望在应用理论以前先对之进行澄清;相信自己的灵感。

(3)处理信息。思考/情感(Thinking/Feeling)：

①思考(T)。通过某一行动或选择逻辑后果来做出决定。会将自己从情境中分离出来,对事件的正反两方面进行客观地分析。从分析确认错误并解决问题中获得活力。目标是要找到一个能应用于所有相似情境的标准或原则。

特点:好分析的;运用因果推理、以逻辑的方式解决问题;寻找真理;爱讲理的;可能显得不近人情;公平意味着每人都能得到平等的待遇。

②情感(F)。喜欢考虑对自己和他人说什么是重要的,会在头脑中将自己放在情境所牵涉的所有人的位置上并试图理解别人的感受,然后在此基础上根据自己的价值判断做出决定。从对他人表示赞赏和支持中获得活力,目标是创造和谐的气氛。

特点:善于体贴别人;受个人价值观的引导;衡量决定对他人产生的后果和影响;寻求和谐的气氛和积极的人际交往关系;富于同情心(可能会显得心肠太软);公平意味着每个人都被作为独特的个体来对待。

(4)行动方式。判断/知觉(Judging/Perceiving)：

①判断(J)。喜欢将事情管理得井井有条,过一种有计划的井然有序的生活。喜欢做出决定,在完成后继续下面的工作。

特点:有系统有计划;喜欢组织管理自己的生活;爱制定短期和长期目标;喜欢把事情落实敲定;力图避免最后一分钟才做决定或完成任务的压力。

②知觉(P)。喜欢以一种灵活、自发的方式生活,更愿意去体验和理解生活而不去控制它。详细的计划或最后决定会使他们感到束缚。愿意对新的信息和选择保持开放,直到场合的需要,并从中获得能量。

特点:自发的、灵活、随意、开放、适应;改变方向、并不喜欢把事情确定下来,以留有改变的可能性;忽视最后一分钟的压力,使他们感到活力充沛。

以上特性分别对应的典型职业如表1-4所示。

表1-4 不同特性对应的典型职业

ISTJ	稽查员	ISFJ	保护者	INFJ	咨询师	INFP	治疗师、导师
ESTJ	督导	ESFJ	供给者、销售员	ENFJ	教师	ENFP	倡导者、激发者
ISTP	操作者、演奏者	ISFP	作曲家、艺术家	INTJ	智多星、智多星	INTP	建筑师、设计师
ESTP	发起者、创设者	ESFP	表演者、演示者	ENTJ	统帅、调度者	ENTP	企业家、发明家

活动设计:对照人格测试方法的四个方面内容,看看自己适合哪一种职业类型,并确定职业倾向。

二、环境分析

职业生涯设计时要考虑到职业区域的具体特点,比如该地区的特殊政策、环境特征;职业角色的发展与职业所在行业的发展有着密切的关系。

(一)家庭环境分析

家庭的环境气氛、父母的教育方式、以父母为核心的族群共同体(包括父母的主要社会关系),对我们成长起着重要作用。通过以下活动来分析自己家庭环境,从中得到启发。

活动设计

我的家族职业树

了解你的家族成员从事什么样的工作。虽然他们所从事的不一定就是你向往的职业,但了解这些职业的特性,工作中的喜怒哀乐,家族成员对你的期望,你就可以掌握职业的方向,并对职业有初步的认识。

活动流程

步骤一:

了解职业,不妨从自己最熟悉的人开始。首先,请你将家族中的亲属及他们的职业填写在图1-2所示的家庭职业树上。

步骤二:

(1)讲一讲你的(一个)家庭成员的职业故事。

(2)分组把大家家族成员的职业都"贡献"出来,进行分类(分类标准各小组自定)。

(3)谈谈你最想从事你的家族或者同学家族中的哪个人的职业,为什么?

我是————————

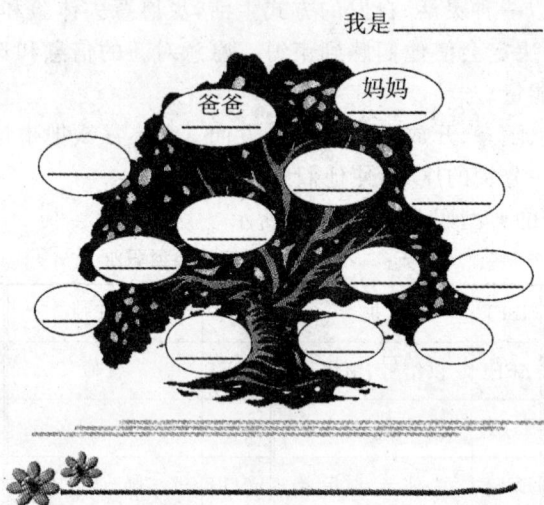

图 1-2　家庭职业树

步骤三：

总结评估。如果你想进一步了解自己或同学家族的职业，可以向他们求助。通过绘出自己的家庭职业树，了解家庭主要成员的职业目标，并结合自身的价值观、兴趣和职业倾向确定自身的职业发展目标。

（二）教育环境分析

学校教育是对个体有计划、有组织、有系统的训练，是根据一定的社会要求和教育对象的身心特点，所施加的全面的、系统的影响。我们要根据学校的特点、在社会上的地位及自己所学的专业情况综合考虑，确定自己的职业方向。

（三）社会环境分析

1.社会经济对毕业生就业的影响

随着我国市场经济的不断发展，大学生就业正逐步走向社会化、市场化、多元化，这已是一个不可逆转的趋势。毕业生要对我国经济发展的总体态势有一个较全面的了解。首先，要了解国家经济建设方针、任务和发展战略，了解产业的分类与结构，以及随着社会的发展，产业结构的调整和变化趋势；了解职业的分类与结构，以及该职业发展的趋势，使自己总揽全局，更好地把握自己，在国家建设的大背景下找到自己的正确位置。其次，要了解当年毕业生总的供求形势。第三，要了解同自己专业直接对口或相关的行业、部门和单位的现状和发展趋势。

2.就业政策对毕业生就业的影响

就业政策在就业过程中起到宏观调控和规范作用，掌握相关的政策信息是高校毕业生求职所必须掌握的知识之一。掌握了就业政策，在就业过程中才会减少盲目性和随意性，防止不必要的纠纷和违约现象。

（四）组织环境分析

1.行业环境分析

行业是指职业的分类，行业环境就是各个不同行业总体环境的总和。

2.企业环境分析

企业环境分析具体包括以下几方面内容：

①企业实力；

②企业领导人；

③企业文化和企业制度。

总的来说，组织的核心信息可以分成3种：与职业价值观相关、与发展前景相关以及与生活平衡相关(见表1-5)。进行组织环境分析就是从表1-5所示内容着手，考察组织环境。

表1-5 组织分析考察的内容

与职业价值观相关	与发展前景相关	与生活平衡相关
组织的文化和部门的亚文化	历史和过去的工作情况	工资结构和薪水范围
组织和部门雇员的类型	公司和分(子)公司生产、提供的产品和服务	工作对家庭的影响
组织或部门的整治环境	在该领域、行业和地区中的地位	
决策模式	组织的结构、分(子)公司和部门结构	
员工的道德感	晋升和提拔制度	
	教育和培训的机会	
	组织和部门的未来前景	

三、职业决策

(一)职业规划的原则

1.择世所需

设计职业生涯时，一定要分析社会需求，择世所需，要学会换位思考：

我想要什么？ → 社会需要什么？

我想要怎样发展？ → 我怎样适应社会发展？

方法：

(1)查阅所关心职业领域的资料和信息；

(2)尽可能多地参加相关专业的介绍会；

(3)访问和请教老师或专业人士(如今，社会的职业需求不断演化，旧的不断消失，新的不断产生。如：短信写手、新闻线人等)。

2.择己所长

任何职业都有一定的条件要求，都需要从业者掌握一定的技能。因此，我们要思考和分析：扬长补短，在职场上，扬长往往比补短更重要。努力争取做到：结合自己的特长，选择最有利于发挥自己优势的职业。

3.择我所爱

兴趣往往是从业的最初动力。研究也表明，兴趣与成功有明显的正相关性。考虑自己的特点，珍惜自己的兴趣，是职业生涯设计要尽可能兼顾的。

4.择人所利

择业时，要适度考虑个人、家庭和社会的预期收益。这种预期收益要求实现效益最大化。在一个由收入、社会地位和社会贡献等变量组成的函数中找到一个最大值。

通过合法的职业劳动,在谋生的同时,也创造了社会财富。

(二)选择职业的三要素

了解你自己,了解职业,在自我和职业之间进行匹配。但职业不是人,它不会说话,没有喜怒哀乐,从来都是人主动选择职业而不是职业主动选择人。因而,即使了解了自己的性格,还要学会怎样去分析职业的性格是不是和自己"合得来"。职业有哪些"性格"?怎样了解职业的"性格"?

1.这个工作好不好

(1)"三虚"。在构成职业吸引力的五大要素中,"社会声誉""未来需求"和"发展空间"乃是"虚无缥缈"的。这里所说的"虚无缥缈"包括以下含义:①它们是不可明确衡量的;②不同的人对它们有不同的评价;③未来具有不确定性;④有些要素并不是单纯由职业的性质决定的。

比如说家长都喜欢子女当公务员,但是有些年轻人觉得在政府机关当"小公务员"是"混日子";"发展空间"则是"谋事在人,成事在天",取决的不是职业本身,而是个人的努力和机遇等,所以,"这份职业发展空间怎样"是个"病句"。

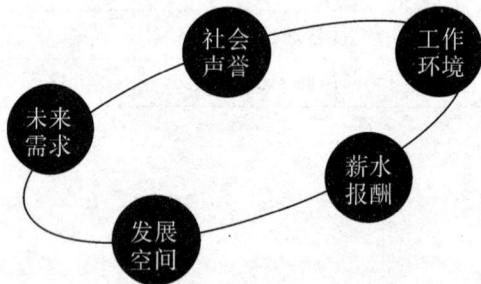

图1-3 职业吸引力的"三虚二实"图

(2)"二实"。"工作环境"和"薪水报酬"是实实在在"看得见摸得着"的,只要通过网络资料、熟人朋友的经验等就能知其大概。可能大家最关心的是"薪水报酬",而这个又属于大多数公司的"机密"。了解薪酬水平有几个方法:①了解行业平均利润率,平均利润率高的行业平均薪水通常也会比较高,平均利润率低的行业薪酬的"性价比"通常不会很乐观;②了解职业的薪酬构成特点,基本工资、分红、年终奖金、保障福利分别占总报酬的比例及计算方法,加薪的幅度和频率等;③了解岗位在公司中的重要程度,通常核心部门、业务部门要大于辅助部门。企业的招聘信息上通常会写"提供业内具有竞争力的报酬",换言之,虽然每家公司提供的薪水报酬不尽相同,但同一行业内的差异不会太大。

2.打心眼里喜欢这工作

影响职业满意度的因素,如图1-4所示。

职业兴趣和现在的工作不相符是导致不快乐的首要原因。心理学研究表明,如果一个人对所从事的职业有兴趣,能发挥他全部工作才能的$80\%\sim90\%$,并且长时间保持高效率不感到疲劳;而对工作没兴趣的人,只能发挥全部才能的$20\%\sim30\%$,也容易感到精疲力竭。

职业可能离同学们还很遥远,换成"专业兴趣"这一概念就容易理解了。如果你喜欢所学的专业,它对应的职业应该也是适合的;如果不喜欢所学的专业,那就得好好想一想,将来

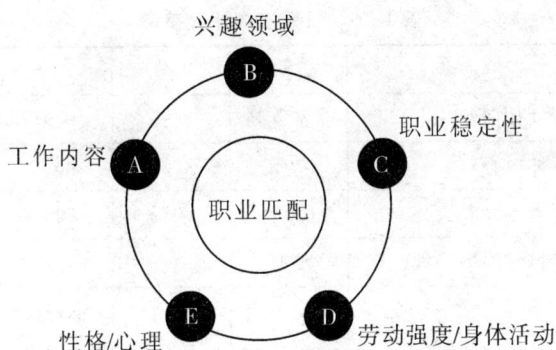

图 1-4 职业匹配图

的路该走向何方？

"职业吸引力"所列举的都是职业外表的光环,但对职业满意度起决定作用的还是它的内核:兴趣领域、工作内容、性格/心理、劳动强度/身体活动、职业稳定性。

3.我符合要求吗

对职业的选择,自身应符合一定的条件,如图 1-5 所示。

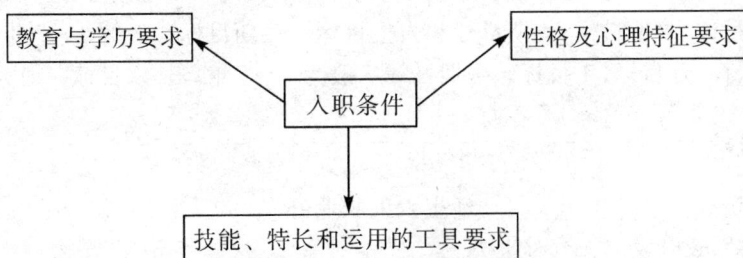

图 1-5 入职条件

(三)设计职业生涯目标

1.目标设定的原则

(1)具体的、明确的,不能含糊不清;可以量化的,能度量的。这样,才有一个可以衡量成功或者失败的标准。

(2)可达到但必须有一定挑战。也就是说,就你的能力和特点而言,实现这个目标是现实的、可能的。

(3)目标需有一定意义和价值。

(4)有明确的时间限制。

(5)可以控制的。主要是指你对一些可能会最终影响到目标实现的一些因素具有控制能力。

2.目标检测

目标检测是通过相关评价,确定目标是否科学可行。评测方法参见表 1-6。

表1-6 目标检测评分参考

	5分	4分	3分	1分	1分
你最亲近的人支持你的程度如何？	非常支持	支持	一般	反对	坚决反对
这个计划有多少成分来自你内心？	100%	80%	60%	40%	20%
这个计划对你的重要程度有多大？	100%	80%	60%	40%	20%
这个计划与你的其他重要目标冲突多大？	没有	一点	有些	很大	极大
如果遇到重大困难你会放弃吗？	一定不会	不会	不好说	也许	会
你愿意为这个计划作出必要的牺牲吗？	当然	尽量做	不好说	一般不会	不会
这个计划符合你的价值观吗？	非常符合	符合	不矛盾	有冲突	很大冲突

如果你的分数小于21分,建议你最好放弃你的计划,因为你对计划的承诺不足以支持你完成它;如果你的分数小于28分,建议你应该再想一想你的计划,不用着急行动,继续完善计划;如果你的分数超过30分,这个计划的可行性较高,你可以付诸行动。

3. 目标分解

目标分解是指将总目标分解成若干的阶段目标,有助于对职业选择过程进行管理。通常目标分短期目标、中期目标、长期目标和人生目标。短期目标一般为1～2年,短期目标又分日目标、周目标、月目标、年目标。中期目标一般为3～5年。长期目标一般为5～10年。

知识链接

新生六大职业群

1. "创意族":设计类职业红红火火

"群体像":"创意族"的从业者是各个行业中的时髦人物,工作内容涉及各个行业、产品的设计、开发、改造,是创造知识产权的脑力劳动者。除了传统行业的设计类职位之外,时代的飞速发展也催生了一批带有时代烙印的设计类职业,如数字视频(DV)策划制作师、网络课件设计师等。

从为个人服务的形象设计师,到企业新产品的设计者(如家具设计师、玩具设计师),再到为人们创造优美环境的景观设计师、花艺环境设计师,各类设计新职业以"创意"为工作的核心,以创新为职业的灵魂。

职业特性:设计、策划类岗位要求从业者专业知识和创新能力并重,有较好的逻辑思维能力,较强的创新意识,相关专业深厚的知识储备、技能功底和积淀。当然,这类职业的一大优势,就是工作时间随意,能够享受较大的自由空间。

2. "顾问族":分析、评估类职业崭露头角

"群体像":信息时代,信息就是价值。专门为个人、企业、社会提供各类信息分析、咨询、价值评估等专业顾问式服务的新职业数量引人注目。这类职业的从业者以收集、综合、分析各行业的信息为主要工作内容,为个人、企业和社会提供经过加工和提炼的有价值的信息,并从中获取收益。

职业特性:该类新职业需要从业者不仅具备该行业必备的技术、知识能力,还要求从业者具有相关方面丰富的信息源,并具有较好的收集、处理、利用信息的能力。

3."技工族":技能岗位老树发新枝

"群体像":传统意义上的技工一般是指掌握一项专业工作技能的、以体力劳动为主的一线岗位工作人员,即人们通常所说的"蓝领"。而在计算机、通信、汽车、集成电路、造船等先进制造业,技术工人工作的技术含量更高,离高科技越来越近。技术工人不仅要动手,更要动脑,要"心脑结合",兼具专业知识与动手技能,即新型的"灰领"人才。在新职业中,这类职业的数量也比较多,一些城市发展新兴领域的职业也被纳入,如城市轨道接触网检修工等。

职业特性:现代的技术工人也要具备一定的专业知识,接受过相关专业的技能培训或学历培训,具备很强的动手实践能力,并在工作中注重不断学习和创新。

4."科技族":IT技术职业风华正茂

"群体像":IT及其相关产业的快速发展催生了一大批新职业,信息化不断向各个传统行业的渗透也产生了一批新兴的职业。前者如网络课件设计师、计算机产品检验员、数控程序员等,后者如计算机乐谱制作师、网络编辑员、智能楼宇管理师等。这类新职业的从业者均具备了良好的计算机操作、编程及应用能力,活跃在IT产业或传统产业的数字技术部门,他们的"生产工具"是计算机、网络、软件等数字产品,以电脑和网络为伴。

职业特性:IT和高科技更新换代快,要求该类职业的从业者具备很强的学习能力,不断跟上技术发展的需要,否则容易被市场淘汰;同时,企业对专业技术岗位的分工越来越细致,要求从业者深入掌握企业所需的专业技术,而不必"大而全";必须具备很强的动手能力,光有专业知识难以胜任工作;另外,工作节奏快,工作压力大,也对从业人员承受压力的能力、团队协作精神提出了高要求。

5."保健族":营养、健康类职业异军突起

"群体像":伴随生活质量的提高,人们对于提高生命质量、生活品质日渐重视,由此促进了此类岗位的诞生及蓬勃发展。这里所说的营养、健康类岗位不仅涵盖了各类生理健康、护理类岗位,也包括了照顾人们心理健康的岗位;不仅包括了人类的健康服务岗位,也包括了与家庭中的宠物、食品卫生、生活环境等相关的健康、安全类职业。

职业特性:该类职业与人们的身心健康息息相关,因此,要求从业者具备扎实的专业知识功底,良好的职业道德,责任感强,善于沟通,并乐于帮助他人。职业性格上趋于感性,职业气质属于社会型,富于爱心,思维比较细腻的人较适合。

6."时尚族":现代服务类职业新鲜登场

"群体像":新职业中不乏一些令人耳目一新的职业,如调香师、咖啡师、酿酒师、体育经纪人等,大大地拓宽了人们职业思考的范畴和选择的空间。这些新职业多诞生自现代服务业,带有较多的时尚、前卫色彩,给职业市场注入了活力和生机。

职业特性:时尚前卫的"外衣"下,从业人员同样需要具有相关的专业知识和技能。同时,由于这些行业相对不够成熟,行业规范和职业培训等相对滞后,从业人员需要更多的耐心和毅力来等待行业的发展。

(资料来源:《人才市场报》)

4.决策中的阻碍及应对

(1)职业决策中的阻碍:指任何使人难以实现某一职业目标的障碍或挑战。

(2)个人出现决策困难分两种情形:

①生涯不确定:是正常的发展性问题,通常只需要得到对于自我、工作世界等相关的信息即可解决;

②生涯犹豫: 由个人特质引起的,如个人偏好与社会期待有冲突、受到非理性生涯信念桎梏等。

(3)障碍又可分为内部障碍和外部障碍:

①内部障碍:恐惧不安、缺乏信心、缺少自觉、自视甚低、态度消极、缺少技能等;

②外部障碍:政局不安、市场趋势不明、经济衰退、社会紊乱、刻板印象、体能要求等。

(4)突破障碍:

①开发潜能:积极进取、建立自信、培养实力、增强勇气和沟通技巧等;

②自我实现:以己为荣、满足、喜悦、智慧、提高创造力等。

🔍 案例

一只蝎子想过河,但是又过不去,于是他就对青蛙说:“青蛙老兄,你能不能背我过河呢?”青蛙说:“不行,我把你背过河之后,你一定会蜇死我的。”蝎子又说:“放心吧,你帮了我,我会很感激你的,不会蜇你的。”青蛙就相信了蝎子,等它将蝎子背到河中间时,蝎子就将螯用力地向青蛙刺去,青蛙看着它,问它为什么要这么做,蝎子说:“我要是不刺你,我就不是我了。”

案例简析:

在我们进行职业抉择时,需要突破障碍,突破内部障碍是核心,因为这是人本性中就有的,很难改变。我们需要自我剖析的勇气和决心,力除心理缺陷,打造平坦的职业生涯。

(5)职业决策中的阻碍应对方法:

①认知调节和心理咨询。当你感到陷入困境无法做出决定时,试问自己下列问题:

● 我的假设是什么(态度)?

● 我的感觉是什么?

● 为什么我总是重复这类行为(这样做我得到了什么好处)?

②放松训练。

③积极的心理暗示。

🔍 案例

心理暗示:美国可口可乐和爆米花曾做过这样一段广告,在一部电影中每10帧中间插播一小段广告,但是这个广告几乎就看不到,时间非常非常短,人眼根本就看不清。但是,在潜意识中已经记下了,最终可口可乐和爆米花的业绩大幅度提高。

案例简析:

这个案例说明一个问题——人的潜意识非常重要。就像如果有个陌生人突然当众大肆夸奖你,你一定会有防备心,觉得是不是这人有图谋?然而,在你比较放松的状态下,像家人夸你,就比较容易接受,所以我们要重视心理暗示的力量。当然,上述广告很快就被美国禁止了,因为美国的法律不允许在别人没有准备的情况下,把信息强加给他人。

(四)实施与调整

在我们确定职业生涯目标后,就要制订相应的行动方案来实现它们,包括职业生涯发展路线、教育培训安排、实践计划等方面的措施。

反馈评估:有效的职业生涯规划还要求便于我们不断地反省和修正目标和策略方案。现实社会中因种种不确定因素的存在,会使我们的真实发展与原来制订的职业生涯目标有所偏差,这就需要我们及时针对规划的目标和行动方案做出调整,从而保证我们的追日之途顺利持续下去,并最终实现最高人生理想。

案例

一名安徽工商职业学院学生的职业规划实施计划(如表1-7所示)。

表1-7　一名安徽工商职业学院学生的职业规划实施计划

时　间	总　目　标	分　目　标	计划内容	策略和措施
2007～2009	全面提升专业技能,丰富专业知识,提高综合能力	①普通话测试二级乙等②计算机一级考试通过③通过高等教育自学考试,取得本科文凭	大一:下学期通过普通话等级测试,大二:通过计算机一级测试.三年时间通过自学考试	认真学习,提升自我,各个击破
2009～2013	提高职业技能,丰富并拓展自己	①获得秘书和行政助理工作②参加秘书资格证书考试	2009～2011获得一份工作2011～2013参加秘书资格考试	边工作边学习,两手抓,两手都要硬
2013～2018	积极工作,争取机会,建立关系	①争取晋升,②参加公务员考试	5年时间达到上述目标	提高工作绩效,得到领导的认可
2019～	平静对待生活和工作			

第三节　制作职业生涯规划书

案例导入

2011年10月28日下午,安徽工商职业学院就业招聘大厅内如期举行"安徽工商职业学院第五届大学职业生涯设计大赛"决赛。参加此次大赛的共有来自全院的21名选手。在比赛过程中,各位选手充分展示自己科学、合理的职业生涯规划书,同时每位选手也展现出了出色的应变能力、语言表达能力和团队合作精神。经过紧张而激烈的角逐,胡莹、朱丽君、胡凌玉同学各方面胜人一筹,取得了比赛前三名,并且代表我院参加"第六届安徽省大学生职业规划设计大赛"(图1-6为校大赛现场)。

在2011年11月20日举行的"第六届安徽省大学生职业规划设计大赛"中,我院三位选

图 1-6　校大赛现场

手凭借科学完整的职业生涯规划书、良好的舞台风貌和优异表现技巧,一举夺得"两金一银"的优异成绩(图 1-7 为省大赛现场)。

图 1-7　省大赛现场

👉 **任务导出**

1.了解职业生涯规划书意义;
2.掌握职业生涯规划书的格式和主要内容;
3.学会制作职业生涯规划书。

一、职业生涯规划书内涵及其意义

由职业生涯规划写成的计划书就称为职业生涯规划书。它是大学生对自己职业生涯发展目标的选择、实施计划及行动方案的书面表达,是自我探索和行动的固化成果。

职业生涯规划书是参加职业生涯设计大赛的书面文字材料,是选手在比赛现场语言阐述的依据。一份科学、合理、完整的职业生涯规划书是比赛取得优异成绩的重要法宝。另外,职业生涯规划规书的设计制作,有助于大学生尽早树立职业规划意识、竞争意识和危机意识,引导大学生以科学的态度确定职业生涯发展的方向和目标,主动行动,将职业规划理论与实践完美结合。同时,还能对具体的学习和工作起到指导鞭策作用,指导大学生合理地规划大学的学习和生活,有针对性地加强职业能力培训和经验的积累,化"被动就业"为"主动择业",让大学生赢在职场起跑线,成为抢手的职场新人。

二、职业生涯规划书制作的基本格式和主要内容

一份完整的职业生涯规划书主要包括封面、扉页、目录和正文。封面主要署上作品名称和日期,也可以在封面插入图片和警示格言;扉页是参赛者的简介,主要有姓名、院校专业、联系方式等;目录是职业生涯规划书的梗概;正文是职业生涯规划书的核心部分,主要有引言、自我认知、环境分析、职业目标定位及其分解组合、职业路径设计与实施、评估调整、结束语等。现以安徽工商职业学院金丽同学的职业生涯规划书加以说明(如表1-8所示)。

表1-8 金丽同学的职业生涯规划书内容

封面	
扉页	个人简介 姓名:金丽 性别:女 民族:汉 学校:安徽工商职业学院 专业:市场营销 联系方式:137 * * * * 2402 电子邮箱:136 * * * * 41@qq.com
目录	引言 第一章 自我认知 第二章 环境分析 第三章 职业目标定位及其分解组合 第四章 职业路径设计与实施 第五章 评估调整 结束语

续表

正文	引言	每一个明智的人都应该有自己的宏伟大志,若想有朝一日能够实现自己的蓝图,就只有早早地做好规划,并且踏踏实实地把握好"现在",认真砌好一砖一垒。一份适合自己职业生涯规划就如同灯塔一般,指引我们驶向金色的胜利彼岸
	第一章 自我认知	老师评价:有领导能力和执行能力、良好的心理素质和团队意识,善于与人沟通,但有时会有一些冲动 家人评价:有孝心和爱心,做事负责认真,但脾气有时倔强 朋友评价:有耐心和细心、有亲和力,交际能力强,但有时太重感情 自我评价:性格开朗、学习能力强、吃苦耐劳、各方面能力和素质较高,但有时有虚荣心和过于冒险 自我认知小结:各方面能力较强,性格大方,自信乐观,善于与人交往和沟通,有上进心和极强的责任感,但也存在社会经验不足、思想不够成熟等问题
	第二章 环境分析	家庭环境:出生在一个商业世家,从小就受到商业气息的熏陶,对商业有着浓厚的兴趣,这对我以后涉足商业及职业发展影响深远 学校环境:学院是一所商科院校,校园特色明显,商科文化浓厚。学院注重对学生实践能力的培养,本人在校期间也多次参加营销大赛等活动,并且取得优异成绩 社会环境:我国社会经济蓬勃发展,国家重视大学生就业问题,营销专业人才需求日益旺盛,发展前景光明 环境分析小结:一直生活和学习在商业文化氛围之中,为我以后的职业发展奠定了良好的基础,但总体就业形势压力较大,不容忽视
	第三章 职业目标定位及其分解组合	职业目标:家电行业营销总监 基层工作者(销售专员,业务员)→部门经理→中层管理人员→营销总监
	第四章 职业路径设计与实施	第一步:2009~2012年,在校期间学好文化知识,做好能力和经验的积累,多参加各种活动,尤其是营销策划方面的活动和比赛,为走向社会做好知识和能力的铺垫 第二步:2012~2015年,毕业之后,在小家电公司做一份营销方面的基层工作者,例如销售专员、业务员等 第二步:2015~2018,在小企业继续磨炼,职位向更高层次进发,如部门经理,区域主管等 第三步:2018~2020进入大型家电企业,努力做到中层 第四步:2020以后在大公司努力进入中高层,朝着营销总监的位置努力
	第五章 评估调整	在毕业后投身于小企业,在小企业步步为营,稳扎稳打,我相信我的目标是可以实现的。但如果出现特殊情况,我会及时进行规划调整,重新选择我的发展方向,例如自己开一家小小的服装店,过自己想要的悠闲生活
	结束语	我坚信:我这棵稚嫩的豆芽一定会冲破泥土,接受阳光的沐浴

活动设计:你认为一份职业生涯规划书最主要的内容有哪些?

1. _____

2. _____

3. _____

三、职业生涯规划书制作的基本要求

(一)资料翔实,内容完整

要收集大量的资料丰富职业生涯规划书的内容。大学生可以通过访谈、查阅图书资料、网上下载等方式获取资料。职业生涯规划书中要尽可能注明资料的出处,并多运用图表数据来说明问题,以提高资料来源的可信度和说服力。一份职业生涯规划书内容必须全面、完整。主要内容有自我分析、环境分析、职业目标、实施路径、评估调整,这几个方面内容必不可少,缺一不可。

(二)分析合理,逻辑性强

要运用有关的测评理论及知识进行自我分析和环境分析,分析时要实事求是,真实、客观、全面、合理,不要主观臆断。只有这样,目标定位才准确,实施策略才有实效。逻辑性强就是目标确定和行动方案要符合自身和外部环境实际,逻辑清晰,科学合理,做到说理有据,层层深入,体现人职匹配的思路。

(三)言简意赅、结构紧凑,重点突出

语言简洁朴实,言简意赅,行文流畅,条理清楚,这是职业生涯规划书最基本的写作要求。职业生涯规划书制作时还应注意整个规划书的结构和重心所在。职业生涯规划书一般包含自我分析、环境分析、职业目标、职业路径设计与实施、调整与评估。在对这些内容进行分析阐述时,必须紧紧围绕职业目标这条主线来展开,从而体现文章论述的逻辑性和连贯性,结构要严谨。要将重点放在自我评估、环境评估、目标实施上。职业生涯规划是对自己将来的规划,这个规划只有建立在对自我和职业的充分认识的基础上,才能体现出它的科学性和可行性。

(四)明确合理,切实可行

职业目标和行动方案是职业生涯规划书的中心内容。职业生涯目标不能过于理想化,要建立在自我分析和环境分析的基础上,应"择己所爱""择己所长""择世所需""择己所利",职业目标要明确合理。实施策略和行动方案要切实可行,能为实现职业目标服务。各种实施策略和行动方案之间要有内在联系性,要注意时间上的连续性,功能上的因果互补性。职业目标的明确合理与行动方案的切实可行是密切相关的,目标是否明确合理影响到行动方案是否切实可行,行动方案是否切实可行也会影响职业目标的实现程度。

(五)美观大方,创意新颖

职业生涯规划书要格式清新,版面美观大方,图文并茂。语言表达要恰当适中,忌大,忌空,忌条理不清。规划书更重要的是应有自己的风格和特色,充分体现个性而不落俗套,创意新颖。无论是行文的风格、叙述的方式、文案的设计,还是职业目标的选择、职业路径的设计等都应体现创新性,只有不同的见解和风格才能吸引他人的眼光。同时,新颖的创意还能充分展现大学生朝气蓬勃的精神风貌,充分展现职场新人的职业形象。

思考与训练

1. 根据职业发展基本理论思考一下你的职业发展路径。

2. 了解一下我国未来十年的劳动力市场发展趋势。

3. 思考一下职业意识与成功职业人之间的关系。

4. 查查相关资料，了解一下职业基本能力与就业稳定度的关系。

5. 与同学、老师交流，从多角度认知自我。

6. 结合自身实际，编制一份职业生涯规划。

第二模块 求职指导

第一节 就业信息的收集与处理

案例导入

在安徽工商职业学院某毕业班宿舍,小李在电脑前不停查找着各种人才资源网站的信息,智联招聘、前程无忧……其实小李并不满足于电脑查询,他有时还利用双休和节假日,去当地人才市场查看信息,顺手还买了一些报纸带回来研究。而在同一个宿舍的小王,却经常笑他:"那么辛苦干吗,有用吗?到时候,就业信息铺天盖地,还不够你投的?"。小赵没有反驳,继续敲击着电脑键盘。他看着整理出来的一些信息,似乎对即将到来的就业应聘更胸有成竹,脸上露出了一种自信的笑容。显然小李是在查找和收集相关的就业信息,为即将到来的应聘行为做好准备。

任务导出

1. 了解就业信息的收集渠道;
2. 掌握就业信息处理的基本方法;
3. 甄别和防范就业信息陷阱。

就业信息在大学生求职过程中发挥着越来越重要的作用。就业不仅取决于大学生的知识、能力、综合素质、性别和所学专业等因素,也取决于个体获取就业信息的质和量,以及对就业信息加工处理的能力。

一、就业信息概述

就业信息是指通过各种媒介传递的有关就业方面的消息和情况。包括就业形势、就业政策、劳动力供求状况、劳动用工制度、经济发展形势与趋势、国家发展规划、用人单位情况、招聘会信息等。具有时效性、针对性和共享性。图 2-1 表示就业需要广泛收集信息。

就业信息在大学生求职过程中有着举足轻重的作用,它是进行职业选择的基本前提、择业决策的重要依据、顺利就业

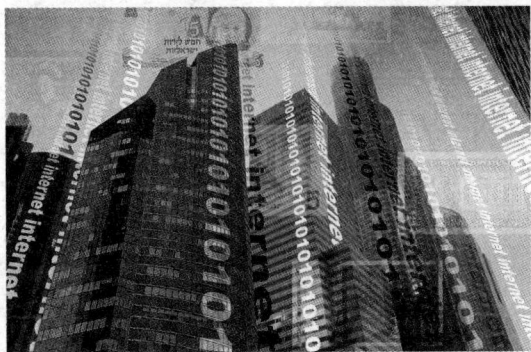

图 2-1 就业需要信息

的根本保障,它贯穿于职业决策与发展的整个过程。要想选择到既适合自己、又比较满意的

职业,必须注意就业信息的收集、选择和处理。

知识链接

就业信息一般构成要素

(1)用人单位的准确全称、性质及隶属关系。

(2)用人单位的经营业务范围、产品或服务内容与类别。

(3)用人单位的组织结构、规模(员工数量)与行政结构。

(4)用人单位的发展历史与最新动态、客户类型与规模、竞争对手的类型与规模。

(5)用人单位的文化背景、工作环境、单位领导的有关信息、用人单位员工的办事方式和思维方式。

(6)用人单位的发展目标、发展实力(包括规模、效益)、远景规划,在整个行业中的排名或在整个社会经济结构中的地位。

(7)用人单位的办公地点、总部及分支机构的业务范围与地理分布。

(8)用人单位的财政状况、绩效考核体系、培训体系和薪酬体系(工资、福利、住房、奖金),以及为员工培训和发展所提供的空间等。

(9)用人单位需要的专业、具体工作岗位及对所需人才的具体要求。

(10)用人单位的联系办法,如人事部门联系人、电话、通信地址、邮编、电子信箱等。

二、就业信息收集的常用渠道

(一)校园招聘会

为做好每年的毕业生就业工作,11月份前后,各地各高校都要组织举办大大小小的双选会或校园招聘会。招聘流程如图2-2所示。我院每年在11月中旬举办一次大规模的毕业生供需见面会。2011年举办的供需见面会,吸引了来自安徽省内、上海、江苏、浙江等地的287家用人单位和6 200余个就业岗位,就业岗位涉及市场营销、金融、会计、艺术设计、国际贸易、旅游管理、计算机网络、物流管理、电子商务等众多领域。这些校园招聘会为毕业生与用人单位面对面接触提供了机会,需求信息量非常大,毕业生要高度重视,充分利用这些机会交流、展示自己,尽可能地多了解相关情况,广泛收集各单位的用人信息。

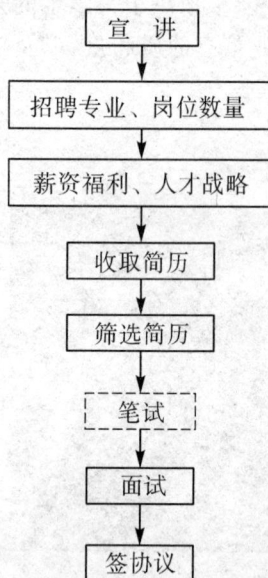

图2-2 招聘流程

宣讲 → 招聘专业、岗位数量 → 薪资福利、人才战略 → 收取简历 → 筛选简历 → 笔试 → 面试 → 签协议

(二)政府就业主管部门和高校就业指导工作机构

政府就业主管部门和高校就业指导工作机构是获取就业信息的主渠道。政府就业主管部门提供的就业信息比较完备,内容从宏观的就业政策到具体的岗位需求,信息量大且集中,能更好地满足求职者的信息需要。

从当前就业机制来看,高校就业指导工作机构是毕业生就业工作所涉及的所有环节的核心。它既与毕业生就业工作所涉

图 2-3　校园招聘会

图 2-4　安徽省大中专毕业生就业信息网

图 2-5　安徽工商职业学院就业信息网

及的各级主管部门之间保持着密切联系,同时也是用人单位选聘毕业生所依赖的一个主要窗口。每年高校就业指导工作机构都会向用人单位发出征求用人信息的调查,而用人单位也会将当年需要招聘什么类型人才的用人信息发给校就业指导工作机构,所以毕业生通过本校的就业指导机构可以得到许多用人单位的需求信息。从政府就业主管部门和高校就业指导工作机构获得的就业信息权威性和真实性高、针对性和时效性强。毕业生平时应多关注政府就业主管部门和高校就业指导工作机构的信息公告,特别是主动关注它们登载就业信息的官方网站。

(三)社会关系资源

一份调查报告显示,大学生求职成功约有 25.9% 是利用社会关系资源取得的。事实上,用人单位也比较倾向于熟人介绍这样的招聘方式。因为有熟人介绍,对于用人单位来说,无疑会减少用人的信用成本。图 2-6 示意了社会关系资源在就业中的作用。

社会关系包括家人、亲戚、朋友、校友、老师、身边的熟人甚至朋友的朋友等。需要特别提醒的是,毕业生还要学会主动寻求本专业老师的帮助,因为本专业的老师比一般人更了解行业的发展情况及其学生适合就业的区域、单位、岗位等,通过他们所提供的信息往往准确、具体,就业的成功率也较高;另外,已经毕业的师哥师姐们也是良好的社会关系资源,他们不但工作单位分布广泛,而且岗位与专业一般对口,所了解到的就业信息具有较高的实用价值。

图 2-6 社会关系资源示意

通过个人广泛的社会关系,能够带来大量有用的甚至"意想不到"的信息,是一种比较高效的信息收集渠道。当然,利用社会关系并不是"开后门"。衡量用人单位是不是在"开后门",在于它的用人制度是不是公平,是不是真正公正的择优录用,而不在于信息是从哪个渠道获取的。

知识链接

韩国大学生看重人际网

对很多韩国大学毕业生而言,梁东哲确实是一个幸运儿,因为他顺利进入了 SK 通信这家令人羡慕的大企业。在梁东哲的手机通信录中有很多大学时候的同学、学长以及实习同事的号码。就在参加 SK 通信考试之前,他特意拜访了 i°手机人际网 i±中的一个学长,从他那儿得到了许多建议,从而顺利通过了面试。事实上,像梁东哲这样建立人际关系网的大学生还有很多,这甚至已经成为大学生找工作和发展事业所依赖的重要支柱。

对大多数韩国人而言,人际关系主要以血缘、地缘和学缘为主,而对于初次走出校门的大学毕业生,则主要依靠学缘即已毕业的学长来充实人际关系网。他们在入学后非常注意和高年级同学沟通、交朋友并保持长期联系。事实上,在毕业之际,有经验的学长们所提供的信息和建议确实非常有用。

另外,一些大学生也经常在假期参加实习,而在实习过程中遇到的同事更为人际关系网提供了丰富资源。不仅如此,通过实习认识的人经常都是同一领域的,这对以后的工作交流和发展都非常有帮助。

据悉,很多韩国大学生都会通过不同的实习单位与各种特定领域的同事建立人际关系网,他们还经常举办定期聚会以维系这样的关系。有分析人士认为,韩国大学生之所以如此早就建立人际关系网,跟目前严峻的就业形势有很大关系。近年来经济持续低迷,大学毕业生逐年增加,韩国大学生失业问题越发严重。因此,对很多大学生而言,多认识一个有经验的人就意味可能会多一个就业机会,人际关系网的重要意义不言而喻。

(资料来源:《环球时报》)

(四)各地人才市场和人才交流会

地方性人才招聘会,一般有专业或专场招聘会和综合招聘会两种形式。招聘会时间根据市场需求情况灵活设置,基本上在一些比较大的城市,每天都有招聘会开市。表 2-1 为安徽省部分人才市场名录。

表 2-1 安徽省部分人才市场名录

人才市场名称	人才市场地址	联系电话
安徽省人才市场	安徽省合肥市马鞍山路 509 号省政务大厦 A 区	0551-62626888、62664488
安徽省工商联人才市场	安徽省合肥市淮河路 260 号(原市政府办公楼西侧)	0551-62619342、62311999
安徽省人社厅人才市场	庐江路与金寨路交口东侧	
合肥市人才市场	合肥市阜南路 19 号合肥人才大厦	0551-65201898、65201888
合肥市中高级人才市场	淮河路步行街东段明月阁 6 楼(不倒翁酒店正对面)	0551-62629886
安庆市人才市场	安庆市市府路 7 号人才市场大楼	0556-5347287、5347289
芜湖人才市场	安徽省芜湖市渡春路 13 号	0553-3991209、3991210
滁州人才市场	滁州市琅琊西路 92 号(原五中转盘,市建委大楼对面)	0550-3031755、3020665
阜阳人才市场	阜阳市清河路人才大楼 3 楼(市委市政府对面)	0558-2298011、2298011
蚌埠人才市场	蚌埠市解放路 590 号	0552-3066123、3055168
亳州人才市场	亳州市光明路 129 号	0558-5689767
马鞍山市人才市场		
马鞍山市湖东南路 156 号	0555-2366885	
黄山人才网	黄山市屯溪区世纪广场杭州假日酒店 8 楼	0559-2324477

请在以下空白表格处,补充你所搜集到的人才市场的相关信息

(五)网络资源

零点研究咨询集团董事长袁岳指出,大概五六年以前企业招聘还是以招聘会为主,现在转为网络为主,一方面是因为网络成本相对要低很多,虽看起来招聘会是可以面对面,但是网络具有招聘会无法比拟的最大优点就是企业在网络上可以提出非常多的要求,比如可以要求求职者提供多媒体的资料,应聘者就可以很快地提供,根本不需要现场见面,这样就可以更好地过滤应聘者。另外一个方面,网络信息渗透性强,不受特定时间的限制,这一点优越于现场招聘会。图2-7为智联搜狐招聘主页,图2-8为hao123网址大全的求职页面。

图2-7 智联搜狐招聘主页

图2-8 求职网址大全

总之,网络发展,建立起了一个劳动力市场平台,一定程度上为毕业生提供了一个无形的、统一的、开放的就业环境,使所有毕业生可以站在同一起跑线上竞争,不受地域空间的限制。目前能够获取就业相关信息的网站主要有以下三类:

一是专门就业网站。主要包括政府主办的就业网站,如教育部主办的中国高校毕业生就业服务信息网,各部委、各省市教育行政主管部门、人力资源和社会保障部门主办的毕业生就业信息网,各高校毕业生就业指导中心网站以及其他人才猎头网站。图2-9为合肥人才网主页。

图2-9 合肥人才网主页

二是用人单位网站。在用人单位网站的人事部门或人力资源部门子网上,能收集到最新的招聘信息。

三是门户网站的求职频道。如搜狐求职频道(career. sohu. com),最大的好处是容纳了许多家一流的招聘网站的信息(如招聘网、中华英才网、无忧工作网等),而且还可以在这里获得有关的人才政策、就业方面的新闻,以及一些就业技巧,得到就业辅导。

知识链接

- 国内部分主要求职网站;
- 搜狐招聘频道(www. job. sohu. com);
- 新浪求职频道(www. edu. sina. com. cn);
- 网易职业频道(www. jobs. 163. com/);
- 中国国家人才网(www. newjobs. com. cn);
- 中国高校毕业生就业服务信息网(www. myjob. edu. cn);
- 中国高校就业联盟网(www. job9151. com);
- 中国南方人才网(www. job168. com);
- 中国人才热线(www. cjol. com);
- 中国应届毕业生求职网(www. yjbys. com);
- 中华英才网(www. chinahr. com);
- 南方人才(www. schr. com);

- 北方人才(www. bfrc. online. tj. cn);
- 北京市人事局毕业生就业网(www. bjbys. com);
- 上海高校毕业生就业信息网(www. firstjob. com. cn);
- 广东省大学生就业在线(www. gradjob. com. cn);
- 应届生求职网(www. yingjiesheng. com);
- 前程无忧网(www. 51job. com);
- 卓博人才网(www. jobcn. com);
- 528 招聘(www. 528. com. cn);
- 智通人才网(hf. job5156. com);
- 智联招聘网(www. zhaopin. com);
- 英才网联(www. 800hr. com);
- 行业招聘(www. job36. com);
- 旅游人才网(www. tourjob. net);
- 酒店人才网(www. veryeast. cn);
- 外语人才网(www. jobeast. com)。

活动设计:请按照你的重要性标准的先后顺序,尽可能找出本地区(或者是你将来可能就业的区域)就业招聘求职网站名称及网址并填写在表2-2中。

表 2-2 相关招聘求职网站信息

序　号	招聘网站名称	网　　址	主 要 特 色	备　注
1				
2				
3				
4				
5				
6				
7				
8				
9				
10				
……				

(六)利用社会实践、毕业实习或业余兼职等机会获取就业信息

实习单位一般都是专业对口的单位,通过实习,毕业生与用人单位之间彼此可加深了解。如果单位要招聘员工,而你的条件又让他们满意,你就可能成其为招聘考察的对象。再者,寒暑假期间里的社会实践、业余兼职等活动,也都是充分地收集就业信息的好机会,要充分利用这些资源。

(七)电视广播、报纸杂志

在传媒业高度发展的今天,通过电视、广播、报纸、杂志等新闻媒介进行人才招聘深受用人单位青睐,他们常常将单位简介、需求信息、招聘启事等在当地主要媒体刊登、播报。一些专门针对毕业生就业的期刊汇集了大量的就业政策、就业指导和就业需求信息。各地的《就业指导报》《人才市场报》《劳动信息报》,电台电视台的就业民生类节目,成为毕业生收集就业信息的重要途径。

(八)直接与用人单位联系获取就业信息

这种方法的优点是主动性强、节约时间、费用低廉,缺点是盲目性大。在缺乏就业信息的情况下,这也不失为一种获取就业信息的方法。

知识链接

最有效的求职途径

《求职圣经》一书中介绍了 5 项最有效的求职方法:

(1)创意求职法——成功率86%。它的主要特点是根据自己的特长和专业知识,向有兴趣的公司查询职位空缺情况前,设法拜会公司的决策人。实践表明,那些愈不登广告招聘人手的公司,竞争对手愈少,如得到雇主垂青,对方可能为你度身打造一个职位。

(2)直接找公司的负责人——成功率47%。这种方法对大学毕业生有较大的难处,因为你很难找到与那些跨国公司、大公司老板会面的机会,你很可能要锲而不舍花上几星期,甚至更多时间,对方才肯见面。

(3)找朋友介绍——成功率34%。俗话说"多一个朋友多一条路",可请教认识的每位朋友,了解哪里正有空缺。由于是朋友,特别是知心朋友,对自己各方面情况比较了解,所以朋友的介绍是找到理想工作的一条重要的途径。

(4)找亲戚介绍——成功率27%。向亲戚打探各种工作机会,这样可扩大找工作的范围。事前便应该给亲戚朋友一些较详细的个人资料,如你要求的工作类别、个人专长等。

(5)利用母校就业指导中心——成功率21%。由于近几年毕业市场化就业经验的积累,各个学校毕业生就业指导中心与不少大的用人单位建立了良好的合作关系,他们对就业资讯、职位空缺掌握得比较全面,加上是自己的毕业生,学校的"胳臂"终归往里拐。

有 4 项最为人们熟悉、为多数人使用的寻工方法,失败却比想象中高。例如:

靠招聘广告——失败率76%~95%,职位愈高失败率也愈高;

靠职业介绍所——失败率76%~95%,这也视职级高低而定;

靠行内专业或贸易刊物的招聘广告——失败率93%;

靠大量寄出履历表——失败率92%。

三、处理就业信息的基本方法

通过各种渠道收集来的就业信息一般比较杂乱,往往还不能直接利用。毕业生一定要结合自己的实际情况,对信息进行有目的、有重点、有针对性的分析处理。

(一)求证和筛选就业信息

收集好信息后,通过电话咨询、网络咨询、实地咨询等方式,对就业信息的真实性、时效性、价值性进行甄别,并将符合自己职业目标和发展的就业信息定位筛选,分出主次,优先排序,突出重点,学会把有限的时间和精力投入到更有价值的信息利用上来。

(二)深入挖掘有效就业信息

利用网络、宣传材料、实地考察等多种方式,更加深入地掌握用人单位的相关情况(包括用人单位的性质、规模、发展前景、环境、经营业务、薪酬福利等),特别是对招聘岗位的具体描述和对求职者具体要求。另外,还要特别注意信息的时效性,选择最新的就业信息。

(三)对就业信息进行归类汇总

在对以上所有信息分析研究的基础上,可以对就业信息作一简要的卡片式目录(目录内容可以根据需要进行增减),便于储备和使用。

活动设计:填写表2-3。

表2-3 就业信息简要目录

公司名称	
职位名称	
聘用要求	
信息时效	
联系人	
联系方式	
单位地址	
备　注	

四、就业信息陷阱的防范

在市场经济体制还不完备的情况下,一些虚假的、违法的就业信息仍然存有较大的市场。这就要求毕业生在收集整理就业信息时,必须加以防范,增强对就业信息陷阱的免疫能力。

一般来说,就业信息陷阱,主要包括以下四种类型:骗财类信息,如黑心中介收费后不履行义务,新员工交纳各种名目的保证金等;骗色类信息,如不针对能力、专业,只看长相、单人面试等类的信息;骗知识产权类信息,如假借招聘考察考核,将求职者劳动成果据为己有;合同陷阱,如合同中存在的霸王条款、欺骗性条款。

对以下几种典型的虚假就业信息或招聘广告,大学生要严加防范:

(1)沿街四处张贴的招聘小广告。绝大多数这种广告都是虚假的。

(2)招聘条件过于诱人的广告。如许以超出求职者预期的高薪或高职位,然后让求职者陷入不光彩职业的陷阱。

(3)基本资料不全的招聘信息。如某些用人单位在发布招聘广告时只公布电话号码或信箱号码,而没有单位地址;有的甚至只有手机号码,没有单位的名称。

(4)莫名而来的就业机会。如有的大学生会突然接到素不相识且自己从未联系过的用人单位招聘人打来的电话,遇到这种情况毕业生要提高警惕,这是非法传销组织的惯用伎俩。还有的人利用这种方法将学生引诱到外地,施以行骗、勒索甚至抢劫。

避免就业信息陷阱,要求毕业生加强学习,掌握就业法律和政策,增强自我保护意识,通过正规渠道收集信息。即便是遭遇到就业信息陷阱,也不能忍气吞声、听之任之,更不能加入其中、复害他人,应该利用合理的机会,采取合理的途径,及时向用人单位有关部门、用人单位主管部门反映,甚至可以向有关劳动部门投诉,向公安机关报案,利用媒体进行揭露等。

知识链接

大学生就业十大陷阱分析

1. 以招聘之名非法敛财

● 陷阱特点

服务费付出之前,中介机构承诺招聘信息浩如烟海,总有适合你的职位;可一旦付费得到了那些信息之后,要么是单位不需要招人,要么就是对口职位刚刚招聘完毕,总让你不得所愿。事后才知是个明摆着的骗局,软弱者自认倒霉,较真者也追讨无门。

● 产生原因

得到工作信息需先交钱,这本是理所应当,但许多非法猎头中介公司的存在,使这一本该公平的交易行为变了味。

● 解决方案

法律规定用人单位不得向应聘者收取任何费用(包括押金或保证金),所以,那些任职初期需要先缴各种押金的公司是不合法的;而规模很小、态度恶劣却敢开口收取服务费的中介机构,不用多想,一定是想骗取求职者金钱的非法组织。遇到交钱时就应当瞪大眼睛、提高警惕,牢牢地按住钱包是求职应聘过程中首先需要注意的。

2. 以招聘之名盗取信息

● 陷阱特点

先在报纸或网络上公布一些待遇诱人的招聘信息,要求求职者提供自己的身份证号码或复印件,这在求职者看来也许再正常不过;不仅这样,只要是自己期待的工作单位,就算要提供结婚证、房产证甚至银行账户也都毫不犹豫地通通奉上。直到一段时间之后发现自己的个人利益受到侵害时,才恍然大悟上了不法分子的当。

● 产生原因

犯罪分子往往利用求职者急于找到工作的心理,通过互联网或其他媒体刊登招聘广告,诱得求职者的个人信息,进行非法活动,如直接盗用账号等。

● 解决方案

当对方要求你提供奇怪的证明材料时一定要多留个心眼,在任何情况下都不能向只有一知半解的"招聘单位"透露有关任何你的隐私信息,一旦发现侵权迹象应当立即报案。

3. 以招聘之名宣传自己

● 陷阱特点

无名企业在招聘会上挂出巨幅宣传画,展位布置得极其鲜亮夺目;当求职者进行职位询问时,招聘者则对企业文化侃侃而谈数十分钟,末了再每人赠送一本精美宣传画册;网上某公司的招聘信息已经挂了半年之久,只招一两名、要求不高的职位也是如此。让人不禁怀疑,它们是否真的在进行招聘,难道说真是在借招聘之名行广告之实,醉翁之意不在酒吗?

● 产生原因

小企业相当重视积累自身知名度,不失时机地对企业或品牌形象进行宣传是企业发展前期的必经阶段。租下一个展位或刊登一条招聘信息最便宜的只要几百块,却能赚足曝光度,这在业内已经见怪不怪了。

● 解决方案

求职者在面谈时若发觉有广告之嫌,应及时抽身,更不要浪费时间去等待这类企业的录用通知。

4.以招聘之名储备人才

● 陷阱特点

小企业信不过,大企业总可以放心了吧? 看那些"500强"财大气粗,动辄租下招聘会的整个楼层或报纸的整个版面,招聘职位从前台到经理林林总总几十种,惹得求职者热血沸腾、斗志昂扬。认认真真填好简历,经过三五轮严格的考核筛选,终于过五关斩六将获得首肯,却被告之暂时不能入职。求职者此时的悲凉怕是其他当初未被相中的人所不能想象的。

● 产生原因

对于大型企业来说,为了保证运行稳定,不至于因为人员流动导致瘫痪,必须建立自己的人力资源储备库。在这种需求下,一些大企业选择通过大批量的招聘来实现,公司对满意的应聘者暂时放入人才库,等该岗位空缺后才会从库中寻找人选。

● 解决方案

他们的确需要人,但不是现在。对此类招聘,求职者权当作是一次锻炼和竞争的机会,切不可对结果抱太大希望。

5.以招聘之名窃取成果

● 陷阱特点

许多企业有一套完整的招聘考核体系,从笔试、复试到最终面试,每个阶段环环相扣、极其正规。按道理能进入最后一轮考核,胜利就能在望了,但往往有很多人就败在这最后一个环节上。面谈得很愉快,工作时间、内容、薪资福利等条件都能够接受,可最后偏偏就没有等到应得的 offer,不少求职者回头思索失败的原因却依旧没有任何收获。

● 产生原因

有些小规模的广告公司或设计公司,由于自身缺乏足够和优秀的创意,另行聘请高水平的工作人员又需要较大代价,便想出借招聘新人来获取新鲜创意的点子。

● 解决方案

建议求职者在应聘过程中感觉到自己的劳动成果可能会被公司占用时,事先讲明版权归属问题。

6.以招聘之名乘人之危,以招聘之名施压内部

● 陷阱特点

一些劳动强度大、时常加班加点而薪资较低的企业,他们招聘员工非常怪异:数量大,一般招几十人,而且招聘时间和地点往往是上班时间在工厂门口或者是午餐时间在食堂大厅里,求职者一多,整个场面煞是壮观,而求职的结果往往也是石沉大海,没有任何回复的音信。

● 产生原因

在本企业内部搭建招聘台位,并在工作时间进行大规模招聘,企业的目的很可能只是为了向在职人员施加压力,向其显示竞争者的存在,刺激在职人员消除怨言,老老实实地继续工作。

● 解决方案

求职者遇到这种情况同样要擦亮眼睛、保持清醒头脑。

7.以招聘之名获得劳力

● 陷阱特点

广告上说的招聘职位大可以美轮美奂,而当你被赋予这种"美称"之后才发现它们不过是金玉其外而已。行政经理等于打杂的,市场总监就是拉业务的,财务分析师居然是保险推销员……求职者满心欢喜地报到之后,才大呼上当转而重回求职大军,却已错过了最佳时机。一些人被骗进来之后,无奈之下,只好本着"既来之则安之"的心态,极力说服自己转变观念也许能开创出一番新的天地,于是公司的目的就达到了,而求职者的前途和理想却被搁浅了。

● 产生原因

这些公司的确是需要人力没错,但其职位照实说出来总是不能引起求职者的关注和推崇,可能连看都不会看上一眼,招聘者只能投其所好地将职位好好粉饰一番。求职者虚荣心的作祟是遭遇此类问题的主要原因。

● 解决方案

不要被听上去体面的职位所迷惑,仔细询问职位的工作内涵和细节,是求职者在与招聘者面谈过程中必须要做的。

8.以招聘之名节约成本

● 陷阱特点

新员工到职后一般都要经历或长或短的试用期。薪酬在试用期内总是很少的,转正后才会有大幅度提高。可几个月的卖力表现换来的却是被一脚踢出局。真不知道拼命工作到底是为了什么,既然不满意为什么不早点说出来?

● 产生原因

一些单位在试用期即将结束时,便以各种理由炒求职者"鱿鱼"。因为试用期的工资、福利待遇和正式录用后差异较大,而招聘的费用又微乎其微,利欲熏心的用人单位便通过无休止的"试用"来获得最廉价却最认真的劳动力。

● 解决方案

即使在试用期也应时时留心单位的用人目的,尽量与用人方签订相关书面协议。

9.手机作为信息业的终端

● 陷阱特点

手机不仅是求职者所倚赖的通信联络工具,更是不良分子谋取非法利益的工具之一。正在焦虑中的求职者如果突然收到一个陌生号码发过来的短信,说打电话去某处就可得到理想职位,或者回复即可看到当日最新最全的职位信息,的确能让许多求职者惊喜一番。

● 产生原因

千万不要轻信来路不明的招聘短信。馅饼不会从天上掉下来,一些明显是诱饵的信息,如"高薪""急聘"等字眼充斥的短信内容大可不必理会。

● 解决方案

不要轻易回复短信,那也许并不是你想要的内容,今后还得为取消这项"服务"而颇费周折。

10.以招聘之名诱人犯罪

● 陷阱特点

没有学历本领要求,只需陪人聊聊天、喝喝饮料就可以月进万元,如此诱惑力极高的招聘广告经常出现在网络、报纸的角落或者街头巷尾的墙壁、电线杆上。真有这么轻松且高薪的工作吗? 会不会有猫腻? 而这些所谓的"公关"公司甚至不惜重金租下高档 写字楼作为办公接待场所,给应聘者的第一印象不错;再经过招聘者的三寸不烂之舌,向你表述公关行业的高尚和盛行,渐渐打消应聘者的疑虑……

● 产生原因

总有人向往省力而有赚钱的行当,而这行,只在骗子公司存在。

● 解决方案

对这种招聘,稍加思考就应有所怀疑,如此高的报酬是不可能的。因为招聘者再怎样夸夸其谈,总会反复强调做公关以赚客人的小费为主,必须要令客人十分满意,是否能短期致富全看你自己的本事。这样强调小费的介绍,足够令你打起精神,走出此类行业招聘迷局。

(资料来源:《新华网》)

知识链接

反陷阱口诀

口诀一:千万不要

不要把身份证、驾照印鉴交给未就职的企业、公司,更不要随便签名盖章。不要缴纳保证金、意外保险费。还没有赚钱就要花钱? 不要预付任何费用。不管他怎么口沫横飞,你都不要理他。

口诀二:一定要

劳动福利不可少。虽然是羊毛出在羊身上(就是雇主要付劳动福利,当然是从你薪水里扣),你还是必须要求。瞪大眼睛看合约。口头契约也算具有法律效力的合约,虽然没以白纸黑字写出来,你自己可要记清楚。不过为了保险起见,签订书面契约还是比较妥当安全的。

口诀三:防失身

(1)地址诡异的(几巷几弄几号之几室)就别去了。

(2)如果面试地点偏僻,难以判断安全与否,可以找熟人相陪一同前往。

(3)临时更换面试地点,或一次面试之后,又安排其他地点,进行第二次面试,也是很有可疑,要小心。

(4)自己带水好了,不要随便喝饮料和搭便车。

(5)女服务员、女伴游、女导游、纯伴游、女接待、工商服务小姐……有可能是掩人耳目的伪装陷阱,宜多注意。

(6)熟人介绍的工作,也要提高警觉。周遭的朋友或亲人还是可能因为你不知道的个人恩怨,或急需钱用而安排你下海工作。这类案例也层出不穷,总之要问清楚多打听。觉得怪怪的就勇敢拒绝不要去。

口诀四:防色情行业

诚征公关小姐,年轻貌美者佳,月入数十万,待遇优,免工作经验。有这么明显的广告吗?也许时代改变,这类行业的广告也会改头换面,不管怎么样,对于"月收入十万""免工作经验"的工作要多加留意,对于工作的内容和地点,也要反复地询问清楚,留意对方言词闪烁、含糊而过的部分,毕竟很少有工作是免学历又高收入的。

口诀五:防骗术

利用电话征才或信箱号码征人,不敢公开公司名称和地址的,要特别小心。

口诀六:防非法工作及老鼠会

对于工作性质交代得很模糊,要当心可能是挂羊头卖狗肉的不良企业。反之,他如果讲得头头是道、天花乱坠,也不要马上相信他,尤其是那种不让你打断、问问题、一直转移话题而不回答你问题的。

月入数十万、高薪——这类征才广告有可能是一些不肖的推销行业,或"老鼠会"的吸金组织,用快速致富的赚钱法来吸引人加入。最好仔细分辨它和其他规模制度较健全的直销行销业的差别,做直销并不可耻,但总不能把不好的商品,没良心地强迫推销出去,弄不好工作失利没钱拿,说不定还赔上自己的信用与人际关系。

(资料来源:《新华网》)

第二节 制作求职材料

案例导入

小罗毕业于某省一所高职院校的应用心理学专业。毕业后,她从事过几份关于教育、文字类的工作,2010年底,辗转到杭州发展。但此地涉及心理学应用的用人企业并不多,几经寻找均以失败告终。迫于生存压力,她便草草地从事了文员类工作,而在工作中,又变换过两次工作单位。最近一份工作较为稳定,但是她一直没有丢弃对自己专业知识的追求,工作期间也在备考心理咨询师的职业资格证书。在一年多的工作中时时留意心理专业人才在杭州地区的职位缺口,但是多次简历投递出去都收效甚微。小罗觉得自己自己面试没问题,最后她发现在简历这块敲门砖上,自己花的心思不多。小罗的工作经历较为复杂,每份工作和自己专业的相关性程度不一,要想让自己的工作经历成为简历的亮点,就必须有针对性地去制作和投递简历,以吸引HR(Human Resource)的眼球,敲开企业大门。

任务导出

1.掌握推荐表、求职信、简历等求职材料的制作要点;

2.能结合个人实际,撰写一套较完整的求职材料。

求职材料是毕业生向用人单位推荐自己的重要方式,每个准备求职的大学生都应该根据自身特点拟定一份充分介绍和展示自我的求职材料。

一、推荐表

毕业生推荐表是学校向用人单位的介绍信,它是由毕业生填写、学校审核并签章的权威性书面材料。这对于用人单位来说,有较高的可信度。推荐表属于制式格式,一般内容包括:姓名、性别、民族、出生年月、政治面貌、学校名称、学历、培养类别、外语水平、健康状况、学校地址、奖惩情况、在校表现(个人小结)、院系推荐意见等。在填写时要注意以下事项:

(1)不能涂改,如实填写;

(2)发挥备注栏作用,可以填写体现自己其他优势的内容;

(3)推荐表每名毕业生只有一份,原件不可复制,应妥善保存。在择业过程中,可以用复印件,只有签订合同时方可将原件交与用人单位;

(4)复印件可加印学校公章与原件等同;

(5)注意字迹工整,填写美观,不要让别人代为填写。

活动设计: 你认为填写推荐表时还应注意哪些事项?

1. _____

2. _____

3. _____

4. _____

二、求职信

求职信集自我介绍、自我推销和下一步行动建议于一身,可以说是求职者的立体画像。一份好的求职信能体现求职者清晰的思路和良好的表达能力,是吸引人事经理阅读求职者个人简历、进而考核聘用求职者的绝佳工具。有关调查显示,90%以上的用人单位把求职信看作是对求职者第一印象的来源。因此,求职信的作用绝对不容小觑,大学生求职择业时要对求职信的撰写引起足够的重视。

(一)求职信的一般格式

求职信一般包括标题、称谓、正文、结尾、落款六部分。

1.标题

标题"求职信"或"自荐信"写在首行的正中间,字体略大,注意要醒目。

2.称谓

称谓顶格写在第二行。求职信有特定的收信人,一般由"招聘单位名称+职位称呼"组成,之前冠以"尊敬的"字样,如"尊敬的××中学校长""尊敬的人力资源部××部长""尊敬的××经理"。如果对该单位的人员职位不了解,可以直接称呼"尊敬的领导"或"尊敬的××公司人力资源部领导"。求职信的称呼不宜使用"亲爱""敬爱"之类的敬语。总之,在写称谓时,要做到不生硬、有礼貌、要明确、不阿谀、不唐突。

3.开头

开头要另起一行,一般首句介绍自己的身份,接着写事由和应聘职位。"身份"包括姓名、性别、就读院校、专业、何时毕业等内容，可以视具体情况增减；"事由和应聘职位"必须简洁、明确、得体。"开头"要强调来信目的，引起对方注意，表达要简洁，直入主题。

4.正文

正文是求职信的核心部分。形式多样，风格各异。一般应围绕以下几个内容展开：写明求职理由、目标，对用人单位的认识，重点介绍自己的专业知识和相关技能，突出自己适合该岗位的重要成绩、特长、优势，描述以往所取得的一些有关成绩，简述敬业精神和个性特征。"正文"能告知用人单位个人总体情况，突出重点，意向言明，具有吸引力、新鲜感，语言自然，忌过多修饰，态度诚恳，客套话也要自然，忌长篇也忌太短。

5.结尾

结尾一般有两个内容：盼回复和祝词，进一步强调求职愿望，希望寄予考虑或面谈，或接受进一步考察。如"热切盼望着您的答复"或"盼望您的录用通知"或"希望能给予我面试的机会"等。最后写上感谢的或致敬的惯用语。结尾处，不必过谦，不能施压，注意保持良好形象。

6.落款

落款位于求职信结尾的右下方，须写明"求职者（或自荐者）：××"和写信日期。求职信可以打印出来，但自荐人姓名须个人手写。

(二)求职信模板

1.求职信模板一：

求 职 信

×××公司人力资源部：

您好！我从报纸上看到贵公司的招聘信息，我对网页兼职编辑一职很感兴趣。

我现在是××出版社的助理编辑，自2010年xx职业技术学院毕业后，一直在出版社担任编辑工作。两年以来，对出版社编辑的工作已经有了一定的了解和熟悉。经过工作期间参加的正规培训和两年的工作经验，我相信我有能力担当贵公司所要求的网页编辑任务。

我对计算机有着非常浓厚的兴趣。我能熟练使用 FrontPage 和 Dream Weaver、Photoshop等网页制作工具。本人自己做了一个个人主页，日访问量已经达到了100人左右。通过互联网，我不仅学到了很多在日常生活中学不到的东西，而且坐在电脑前轻点鼠标就能尽晓天下事的快乐更是别的任何活动所不及的。

由于编辑业务的性质，决定了我拥有灵活的工作时间安排和方便的办公条件，这一切也在客观上为我的编辑工作提供了必要的帮助。基于对互联网和编辑事务的精通和喜好，以及我自身的客观条件和贵公司的要求，我相信贵公司能给我提供施展才能的另一片天空，而且我也相信我的努力能让贵公司的事业更上一层楼。

随信附上我的简历，如有机会与您面谈，我将十分感谢。即使贵公司认为我还不符合你们的条件，我也将一如既往地关注贵公司的发展，并在此致以最诚挚的祝愿。

求职人：×××
2012年5月

2.求职信模板二

求 职 信

尊敬的先生/女士：

　　您好！感谢您在百忙之中抽出时间来翻阅这份求职材料。也许这只是您面前摆放的众多求职资料中很普通的一份，但我能感受到这一瞬间的意义。对我而言，您揭开的将是我人生新的一页。我是×××学院2011届毕业生。自2007年在××职业技术学院毕业后，在社会上工作了近两年，怀着对知识的渴求和提高个人素质的愿望，我又回到了学校。在×××学院即将结束专升本的学习阶段之际，我强烈希望能加入贵公司×××技术中心，贡献自己的才能和热情。现将贵公司的要求与我对应的能力列于表2-4中。

表2-4　公司要求与我对应的能力

贵公司的要求	我所能提供的技能
专业知识	专科和专升本阶段扎实的专业课程学习，良好的学习成绩
对××产品的了解和实践	使用过 VC、VB、VJ、Frontpage 等开发软件，Word、Excel、Access、Powerpoint、Outlook 等商用办公软件，Windows9x 系列一直到 WindowsNT、Windows2000、WindowsXP 等操作系统类软件
行业工作经验	两年的相关行业工作经验
沟通能力和技巧	积极投身于社会工作，曾经担任过××。通过参与组织校园文化体育活动，具有较强的组织能力和领导能力

　　今天，我郑重地申请技术支持工程师的职位，一方面出于对自己的准确认识，另一方面出于对技术支持工作的认识。我选择了×××技术中心，愿意奉献自己的才智和热情，愿意传播最好的产品，传播最好的服务，希望全球技术中心也会选择我。我想，选择我，没错的。

　　最后，谨祝您身体健康，工作顺利！

　　此致

敬礼！

求职人：×××

2012年5月

　　活动设计：请你对照求职信的基本写作要点，对以下求职信做点评，指出这封求职信的可取之处与不足之处。

尊敬的先生/小姐：

您好！感谢您在百忙中阅读此信。

我是××省水利职业技术学院2012届应届毕业生，主修给水与排水专业。进入学校以来，我深深地意识到：在当今竞争的社会，只有拥有真才实学才能立于不败之地，所以我把这里当作新的起点，勤奋学习，刻苦钻研，扎实地学习了各门基础学科和专业课程。在计算机方面，熟悉 WindowsXP 等操作系统，能熟练使用 Office 办公软件，能熟练使用 Internet搜索引擎获取信息，更能熟练使用 Auto CAD 平面立方体设计、网页制作设计等方面的软件。

作为新世纪的学生，还要德、智、体全面发展。在校期间我在思想上积极追求上进，主动向党组织靠拢，参加了校内业余党校的学习。学习的同时，我还积极参加了体育锻炼，保持强健的体魄。

在良好的家教和老师的严格要求下，培养了我做事认真，勤于思考，积极向上的性格和作风。长期的学习生活，造就了我谦虚、谨慎、诚实、守信，永不言败的性格。我相信这些做人的原则将在今后的工作中能发挥作用。

我热爱贵单位所从事的事业，殷切地期望能够成为这个精英团队中的一员，能在您的领导下，为这一光荣的事业添砖加瓦；并且在实践中不断学习、进步。我相信自己能在短期内适应环境，尽职尽责地把工作做好。

企盼您给我翔翔的天空，我将用我的汗水证明您英明的选择！

诚祝贵单位事业欣欣向荣，蒸蒸日上！

此致

敬礼

求职人：×××
2012 年 7 月

(三)求职信的注意事项

(1)篇幅要简短，言简意赅，千字左右，不能超过一页纸，但也不能太短；内容不杜撰、不夸大、不抄袭；中心要突出，学会扬长避短，突出优点、闪光点，突出自己的能力、水平，即能打动对方的优势。

(2)言辞恰当，适度谦虚，文体文风平实、沉稳、严肃，不能有别字错字，语句通顺不拗口，不讲空话，充满热情但不矫揉造作。

(3)注意包装，清晰工整，设计优美，信纸、信封要美观大方。

活动设计：你认为撰写求职信时还应注意哪些事项？

1.　_____

2.　_____

3.　_____

4.　_____

(四)关于英文求职信的写作技巧

实际上,英文求职信与中文求职信在内容上没有太大的区别,主要是书写方式上有所不同。如英文求职信的要素包括有:Heading(信头)、Inside Address Salutation(称呼)、Body of letter(信的正文)、Signature Enclosure(附件)。

下文是一份英语求职信模板。

P. O. Box 36
Tsinghua University
Beijing，China 100084

Dear Sir/Madam：
Your advertisement for a Network Maintenance Engineer in the April 10 *Student Daily* interested me because the position that you described sounds exactly like the kind of job I am seeking.

According to the advertisement，your position requires top university，Bachelor or above in Computer Science or equivalent field and proficient in Windows NT4. 0 and LINUX System. I feel that I am competent to meet the requirements. I will be graduating from Tsinghua University this year with a B. S. degree. My studies have included courses in computer control and management and I designed a control simulation system developed with Microsoft Visual InterDev and SQL Server.

During my education，I have grasped the principals of my major and skills of practice. Not only have I passed CET－6，but more important I can communicate with others freely in English. My ability to write and speak English is out of question.

I would appreciate your time in reviewing my enclosed resume and if there is any additional information you require，please contact me. I would welcome an opportunity to meet with you for a personal interview.

With many thanks，
×××

三、简历

个人简历是自己生活、学习、工作、经历、成绩的概括,是对求职者个人概况、受教育情况、经历、知识、技能等方面的简要总结,是求职者为自己撰写的"产品说明书",是行走职场的敲门砖。一份卓有成效的个人简历是开启事业之门的金钥匙,如果招聘人员对某位求职者的简历感兴趣,则意味着该求职者迈出了求职成功的第一步。

（一）简历的种类及主要内容

目前流行的主要有以下几种形式：提纲式简历、表格式简历、个性化简历（如名片简历、视频简历）。无论是哪种形式的简历，主要内容一定要齐全：

（1）基本信息：包括姓名、性别、出生年月（申请西方国家的公司时，年龄被认为是个人隐私，可以不写）、籍贯、学历、学位、专业、毕业院校、政治面貌、联系方式（电话号码和电子邮箱）、照片等。尤其是电话和 E-mail 一定要写在最醒目的地方，让看简历的人可以非常容易地找到你的联系方式。E-mail 要选择比较稳定的邮件系统。

（2）求职意向：需清楚地表明自己的岗位目标，包括地域、行业、具体岗位等。如：北京普通中学的语文老师、企事业单位行政管理工作、房地产企业出纳会计（文员）、行政助理或人事助理工作。在简历上清楚地注明所要应聘的岗位是很重要的，因为招聘人也许直接就翻开了求职者的简历，而没有功夫去看求职信。在招聘会场，只要我们留心就会发现招聘人员会在我们递交的简历的右上角写下我们所应聘的职位，这是为了便于他们后续进行分类。

（3）教育背景：包括两个方面，一是学习经历，一般可以从高中写起，中间不间断。按时间的顺序倒着写，先写最近的。如果有两个月以上的技能培训等经历以及正在参加自学考试的，也要标示出来。二是课程科目及成绩，着重标出与目标职位相关的课程名称及成绩。

（4）实习及实践活动：专业实习、主要的社会职务或参与的社会实践、志愿服务工作等。告诉你的潜在用人单位，你在过去的相关经历中承担了哪些职责，做了哪些项目，结果又是怎样。因为这些是你经验和能力的证明。一些在校期间定期参与过的社会公益活动（如青年志愿者、无偿献血等），能清晰地向用人单位反映出求职者的个性情况，如社会责任感、社会参与性等，这将有助于树立大学生求职者在用人单位心目中的总体形象。

（5）技能水平：知识结构（主要课程和从事的科研活动）、智能优势、外语和计算机水平以及其他技能方面的证书等。要将自己所掌握的工作技能采用列表的形式清楚地在简历的前面列出来，所列出的技能一定要与自己所应聘的岗位相符合，最突出的技能应该是最接近岗位要求的，而不应是最拿手的。然后根据技能范围，按重要性为这些内容排序。

（6）获奖情况：包括各种竞赛所获奖项、奖学金、三好学生、优秀团员、优秀学生干部荣誉称号或者成功主持举办过某些活动等。可以按照获奖的级别或者奖励的重要程度对获奖情况进行描述。当然，这些奖励一般属于校级以上的奖励，班级和系部授予的奖励一般不写。

（7）个人特长和自我评价：正确认识自我，客观评价自我。总结自己良好的个性品质。如：团结合作精神，创新意识，谦虚谨慎的工作态度，积极乐观的人生态度等。

（二）简历的注意事项

1. 语言表达要简洁

简历上的语言一定要朴实而简洁，流畅精练，不要用华丽的辞藻，用陈述性语言来表述你的基本情况。一般来说，一份个人简历用一张 A4 纸完成即可，可以使招聘者一目了然。Nike 的广告语就三个单词"Just do it"，却获得了营销上的巨大成功。除非你应聘的是广告、艺术类职位，否则，你的简历也应该像 Nike 的广告语一样，简练而有力地展示自己的形象和优势。

2. 内容要真实可信

诚信是职业活动的基本准则。诚信的简历应该杜绝弄虚作假、编造事实、抬高身价，不过分渲染描述，对自己负责任，对用人单位负责任。目前，网上信息查询功能日益健全，用人单位可以有很多途径核实应聘者简历信息的真伪。

3.条理清晰,重点突出

简历虽然没有固定的格式,但制作时,要注意结构合理,层次清晰,避免逻辑重复。针对不同的单位或求职意向,要有针对性地展示自己的优势,切忌一份简历走天下。

4.外观要整洁、舒服

合理地排版会让人看上去很舒服。若版面过于压缩,行距和文字过小会使人产生压抑的感觉,从而放弃对它的阅读。所以简历的整体感要体现美观大方,条理清楚,标志明显,字体适中,排版端庄美观,疏密得当。

5.自己动手设计简历

现在,在网上搜索一份简历,是一件很简单的事情。但是,由于每个人的具体情况有别,优势劣势不同,应聘的用人单位和职业也有差异,所以在网上找一份"万能式"简历,不是一个很好的选择。所以,需要大学生自己动手,根据个人特征,发挥创造性,使简历更能体现自己的实际,增强吸引力。

活动设计:你认为撰写简历时还应注意哪些事项?

1.＿＿＿＿＿＿＿＿＿＿＿＿＿＿＿＿＿＿＿＿＿＿＿＿＿＿＿＿＿＿

2.＿＿＿＿＿＿＿＿＿＿＿＿＿＿＿＿＿＿＿＿＿＿＿＿＿＿＿＿＿＿

3.＿＿＿＿＿＿＿＿＿＿＿＿＿＿＿＿＿＿＿＿＿＿＿＿＿＿＿＿＿＿

4.＿＿＿＿＿＿＿＿＿＿＿＿＿＿＿＿＿＿＿＿＿＿＿＿＿＿＿＿＿＿

(三)简历模板

1.简历模板一

个 人 简 历

求职意向

本人概况

姓　名:	性　别:	照片 (近照、准职业 照、张贴)
民　族:	出生年月:	
政治面貌:	健康状况:	
婚姻状况:		
学　历:	专　业:	
学　位:	联系电话:	
电子信箱:	兴趣爱好:	

教育背景

　　199W 年 9 月—200X 年 7 月某中学就读

　　200Y 年 9 月—200Z 年 7 月安徽工商职业学院××专业就读

　　200R 年 T 月至今×大学×专业本科二学历在读

(注意在校期间如果有较长时间的进修或培训,可以单独列出)

核心课程

......

专业技能

    专业核心能力：

    普通话/英语/计算机：

    其他能力：

实践经历（工作／实习经历）

    200Y 年 7 月～200Z 年 3 月，担任某公司实习会计。

    200F 年 9 月～200K 年 6 月，在某公司兼职，从事市场推广工作。

所获荣誉（以时间为序，简略说明）：

    愿您的选择、我的努力为贵公司××事业锦上添花！

求职人：
2011 年×月×日

2.简历模板二：

个 人 简 历

个人概况：

求职意向：＿＿＿＿＿＿＿＿＿＿＿＿＿＿＿

姓名：＿＿＿＿＿＿＿ 性别：＿＿＿＿＿＿＿

出生年月：＿＿＿＿＿年＿＿＿＿月＿＿＿＿日 健康状况：＿＿＿＿＿＿＿

毕业院校：＿＿＿＿＿＿＿＿＿＿＿＿＿ 专业：＿＿＿＿＿＿＿

电子邮件：＿＿＿＿＿＿＿＿＿＿＿＿＿ 手机：＿＿＿＿＿＿＿

联系电话：＿＿＿＿＿＿＿＿＿＿

通信地址：＿＿＿＿＿＿＿＿＿＿＿＿＿ 邮编：＿＿＿＿＿＿＿

教育背景：

＿＿＿＿年至＿＿＿＿年＿＿＿＿＿＿大学＿＿＿＿＿＿专业（请依个人情况酌情增减）

主修课程：

＿＿＿＿＿＿＿＿＿＿＿＿＿＿＿＿＿＿＿（注：如需要详细成绩单，请联系我）

论文情况：

＿＿＿＿＿＿＿＿＿＿＿＿＿＿＿＿＿＿＿（注：请注明是否已发表）

英语水平：

＊ 基本技能：听、说、读、写能力

＊ 标准测试：国家四、六级；TOEFL；GRE……

计算机水平：

编程、操作应用系统、网络、数据库……（请依个人情况酌情增减）

获奖情况：

_____、_____、_____（请依个人情况酌情增减）

实践与实习：

____年____月至____年____月 _____公司_____工作

____年____月至____年____月 _____公司_____工作（请依个人情况酌情增减）

工作经历：

____年____月至____年____月 _____公司_____工作（请依个人情况酌情增减）

个性特点：

_____（请描述出自己的个性、工作态度、自我评价等）

另：

（如果你还有什么要写上去的，请填写在这里！）

＊ 附言：（请写出你的希望或总结此简历的一句精炼的话）

例如：相信您的信任与我的实力将为我们带来共同的成功！或希望我能为贵公司贡献自己的力量！

3.简历模板三：

Chinese Name：Guoqiang Zhang

English Name：Eddy Zhang

（外企习惯以英文名字作为同事间的称呼，如果你有英文名字，将会首先给你的面试官一份亲切感。）

Sex：Male

Born：6/12/82

University：Beijing University

Major：Marketing

Address：328＃，Beijing University

Telephone：1398＊＊＊451

E-mail：＊＊＊＊@163.com

（不论你是环肥燕瘦，还是鹤立鸡群，"身高体重"的话题都不要在简历中提及。在西方文化中，"身高体重"属于特别隐私性的话题。另外，政治色彩越少越好，老外一般没有兴趣知道你的政治隐私。）

Job Objective：

A Position offering challenge and responsibility in the realm of consumer affairs or marketing.

Education：

2000－2005 Peking University，College Of Commerce

Graduating in July with a B. S. degree in Marketing.

Fields of study include：economics，marketing，business law，statistics，calculus，psychology，sociology，social and managerial concepts in marketing，consumer behavior，sales force management，product policy，marketing research and forecast，marketing strategies.

1994—2000 The No. 2 Middle School of Xi'an.

（第二部分教育背景必须注意：求职者受教育的时间排列顺序与中文简历中的时间排列顺序正好相反，也就是说，是从求职者的最高教育层次写起。）

Social Activities：

2000—2005 Secretary of the Class League Branch.

1994—2000 Class monitor.

Summer Jobs：

2002 Administrative Assistant in Sales Department of Xi'an Nokia Factory. Responsible for public relations，correspondence，expense reports，record keeping，inventory catalog.

2003 Provisional employee of Sales Department of Xi'an Lijun Medical Instruments & Equipment（Holdings）Company. Responsible for sorting orders，shipping arrangements，deliveries.

Hobbies：

Internet—surfing，tennis，travel.

English Proficiency：

College English Test—Band Six.

Computer Skills：

Microsoft office，Adobe Photoshop，etc.

（大多数外企对英语及计算机水平都有一定的要求，个人的语言水平、程度可单列说明。）References will be furnished upon request.

知识链接

1. 成就动人简历的十二项原则

（1）内容资料要简单扼要。

（2）避免咬文嚼字以及令人难以理解的措词。

（3）用第三人称的立场写作（仿佛描述另一个人），如此你便可以强调自己的成就，又不会显得自吹自擂。这是最标准的引荐方式，也能增加内容的权威性。

（4）不要只列出过去的职责——要强调你如何做出成果，例如拉到新的生意、控制预算、节省开支、引进新理念-要显示出你的与众不同。用精准的事实和数据把成就量列清楚。譬如说"行销量提高了25％"远比"大大提高行销量"好得多。

（5）采用文字处理机创造专业形象，并设计一份文件格式，可以适用于特定的申请之用。

（6）采用质优白纸——色纸影印的效果很差（履历表经常会被影印成许多副本，在公司里流传)。基于同样理由,也不要把履历表钉成一份。

(7)采用效果良好的打印机,如果你给的是影印本,效果要很好。这点绝对不要随便将就,必要的话,可以找家印刷公司。

(8)需要强调的部分采用粗体字,但是不要用太多花哨的字体或斜体字,因为会分散对方对于重点信息的注意力。

(9)版面设计必须吸引人而且容易阅读,包括一般内文以及特别框示起来的文字。

(10)采用强而有力的字眼显示你如何取得成果,例如:获得、创造、发动、贯彻、增加、坚决、重建、革新、管理、凌驾、促成、解决。

(11)最多以两页为限,并且一定要把重点写在第一页。

(12)要积极争取,但不要撒谎——万一你获准面试或者需要接受测试,很容易露出马脚。

(资料来源:中国教育在线)

2.求职信与简历对比

求职信与简历对比如表2-5所示。

表2-5 求职信与简历对比列表

对比项目	求　职　信	简　　历
格式	带有称谓及落款的信函	标题式的叙述文稿
版本	量身定做,一稿独投 注明收信单位及收件人 对招聘单位近期重大事件的认识	通用版本,一稿多投
侧重点	强调自己能为招聘单位做出的贡献	侧重对过去业绩和已有能力的描述
具体性	必要时才点出体现能力的具体事件作为论据	通过描述在具体公司中所做的一些事件来体现自身工作能力
评价角度	可有主观自我评价色彩,但内容不能太多、评价不能太主观	要显示出是在客观地描述自身的能力
必要性	以下情况可以不必有求职信: 招聘单位没有要求一定要附求职信; 没有下功夫为每个招聘职位量身定做; 求职信内容与简历内容区别不大	必须提交

(资料来源:深圳人才网)

3.几种"个性简历"点评

(1)Video简历(视频简历)。所谓视频简历就是事先把求职者的言谈举止用摄像机拍下来,然后刻在光盘上,负责招聘的工作人员只需要把光盘放入电脑光驱,便可以看到应聘者的求职演说、特长表演等。由于视频简历的可视性、可听性、真实性,在招聘中大放异彩,使求职者取得许多意想不到的效果。11月末,××职业技术学院举办校园招聘会。该校2004届毕业生小曾的视频简历可谓是独树一帜,招聘方先是诧异,继而兴奋地把他的"简历"放入光驱,不一会儿播放器屏幕上一开始出现的是他在校辩论赛上技压群雄的唇枪舌剑的珍贵场面,几分钟后他又出现在舞台上,引吭高歌一首《冷酷到底》,过一会儿镜头锁定绿茵场上他一记精彩的凌空抽射……全方位地展示出了自己的特长和风采,令招聘方十分满意。没想到第二天公司通知小曾直接去上班,连面试都免了!

【点评】小曾的求职过程似乎具有一定的戏剧性,但细细分析这个结果其实是完全在意料之中的,因为播放视频简历的过程实际上就是一个面试的过程。视频简历的最大意义在于,它颠覆了传统的求职方式,突破了简历中对"视听"要求的瓶颈,给招聘人员全新的招聘视听感受,使传统求职简历上用文字方式表达的"特长介绍"等多项内容变得具有可视性、可听性,从而在客观上提升了求职者的可信度和深刻度,而且也为招聘方节约了大量宝贵的时间,所以颇受招聘方的青睐。

(2)Web 简历(网页简历)。现在会做网页的人已是越来越多了,如果把简历做成漂亮的网页形式,佐以详尽而充实的内容,保准能吸引人的眼球。徐先生以前学的是计算机专业,利用自己的专业知识和兴趣爱好,他和朋友花了两个星期的时间为自己做了一个漂亮的网页简历,里面有自己各种详细的介绍,包括一整套以前上大学的学习成绩查询系统、自己历年来在各大报纸杂志上发表的专业文章及链接,整个页面干净、动感,给人温馨的感觉,只需要鼠标轻轻一点,关于自己的各种资料便一目了然,十分方便快捷。今年他参加一场招聘会,别人投过去的都是一本厚厚的"书",而他的简历只是一张印有自己主页地址的"名片",令其他的求职者羡慕不已。

【点评】在信息时代,这种简历在各方面显现出了它的优势,信息细致全面,易于查询,操作方面快捷,完全摒弃了纸质简历的厚重、烦琐,还可以为自己省下一笔不小的复印费。所以网页简历正在被越来越多的求职者采用,成为他们求职的新型武器。

(3)Photo 简历(写真简历)。现在不少女性的简历上多了这么一项内容——一个精美写真集。于是被一些人们戏谑称为写真简历。当招聘人员千篇一律、周而复始地翻阅着一大堆密密麻麻的文字简历时,突然几张精美的个人写真照片映入眼帘,能使人眼睛一亮、赏心悦目,让人对应聘者产生一定的好感。正是基于这种微妙的心理作用,这种先声夺人的写真简历在女性求职者中颇为流行。

而且许多公司明确在招聘启事中注明:"形象佳相貌好者优先考虑",既然招聘方都如此要求,对于有"相貌资源"的求职者为什么不充分展示自己的风采呢?随着就业竞争激烈程度的加剧,许多男性也加入了"写真"求职的一族之中。

【点评】专家提醒此种眼球简历中写真照片的数量不宜过多,选取较有代表性的几张即可,而且写真的穿着要注重端庄、职业化,显示出自己的自信与大方,切忌过于暴露,那样反而给人花哨、不务实的坏印象。

(4)Cartoon 简历(卡通简历)。这绝对不是标新立异,也不是出位,华中师范大学的卢同学把自己的简历设计成各种卡通形象,即把自己画成漫画人物,然后自我介绍和个人经历、特长都是用动漫连环画的形式表示出来,内容既详细周密,版面又活泼生动,给人活力和朝气,结果她被天津某幼儿学校高薪聘用了。该校的校长解释说,我们需要的就是这种富有创意、童心未泯的女生。从她的特色简历中,我们能够看到卢老师应该是一个有爱心、爱护学生的好教师。

【点评】卡通简历的成功有它的必然性,但是也有它的偶然性,并不是适合所有的求职者。一位简历资深专家指出,如果你求职的意向是部门主管等较为正式的职位,满纸涂鸦的卡通简历不但不能帮上你一点忙,反而会让对方觉得你过于天真、不成熟,会断送自己的前途。所以对于简历的设置,还是上什么山,唱什么歌,悠着点好! 现在求职过程中出现的各种高科技简历、艺术简历,在各种招聘会上大放异彩,成为求职的新亮点。它的出现打破了传统求职的套路,给了求职者一个全方位展示自己的舞台,也给了招聘方一个更为广阔的信息天空,对于双方都是一个全新、双赢的路子,对于市场经济大潮下的新型求职有着积极的引导意义。

4.不依赖网络,简历也要"与众不同"

过多地依赖学校、导师、家人、朋友,导致毕业生并不清楚如何正确撰写自己的简历。据了解,专业的人才网站(包括中国权威大学毕业生就业指导网站中国毕业生网)均为网友提供免费的格式化的简历模板。但中华英才网的职业顾问告诉记者,大多数网友在应聘不同公司时简历是一样的,没有针对性,更没有明确注明申请的职位。很多大学生准备的简历不仅不规范,内容也很难引起招聘主管的兴趣。

而很多企业人力资源招聘专员最头疼的,则是在浩瀚的简历中,找不到明确标注申请岗位的简历,"我们没有多余的精力帮助应聘者做出挑选"。

针对上述问题专家呼吁:不要做华而不实的表面文章,要从实用的角度准备应聘。具有针对性而且实用,是出奇制胜的基础。

"与众不同的简历是获得面试的一种有效方法。"前程无忧《人力资本》杂志执行主编孙虹钢介绍说:"小陈用了一周时间做了个调查报告。"

营销专业的小陈,很早就决定加盟惠普公司。小陈在投简历前,连续一周在中关村几个电子市场销售惠普打印机的摊位前观察,专门询问那些不买惠普打印机的人原因是什么。一周后,他做了个详细的分析报告:有多少人不买惠普打印机? 他们的年龄、性别、职业等情况如何? 他们认为惠普打印机需要改进的地方有哪些?

最后,在长达几页纸的调查报告后面,他标注了一句话:"如果想知道详细情况,请与我联系!"

为什么惠普公司会关注这样一份特殊的求职简历呢? 惠普(中国)人力资源有关负责人表示,原因在于:公司要招聘的是市场方面的职位,而小陈跑到销售第一线了解情况,态度可嘉。另外,他的调查也很有意思,这也是企业最关心的问题。

专家认为,小陈的简历之所以能脱颖而出,是因为他的简历不仅针对公司招聘市场方面的职位,而且对公司而言也非常实用,因而能够出奇制胜。这就要求我们大学毕业生在应聘之前要对对象公司做一番调查。

(资料来源:"中国高等教育学生信息网")

四、其他求职材料

将专业学习成果证明材料(作品、实践能力证明、科研论文、大学成绩单)和综合素质展示材料(各类奖励证书、优秀证书、活动获奖证书)复印成同样大小的纸型,并按照时间顺序或重要程度依次排好;如材料较多,可列出目录。同时准备好原件,以备核查。

第三节　求职过程中的笔试与面试

案例导入

安徽工商职业学院某毕业班寝室,王小强同学有些沮丧地坐在床沿,今天上午参加某企业招聘的笔试环节时,各方面准备得都很不错,早上临出门时还检查了各种证件及文具的准备情况,特地从包里掏出了准考证、身份证等证件,仔细查验。然而,就在此刻,手机响了,小王顺手将从包里拿出的证件放在了床上。所接电话是隔壁班上的小刘打来的,约他一起乘公交车前往笔试地点。小王拿着包急匆匆地下楼去了。到了考场才发现证件没带,赶紧打电话给同学,让他送证件到考场门口,在即将截止进入考场的时候,小王才拿到准考证等证件进入考场进行笔试,耽误了很长时间,以至于卷子都没做完,考试时间就到了。为此,小王感到非常郁闷。

任务导出

1.了解笔试和面试的基本要求;
2.掌握笔试和面试的基本操作环节和技巧;
3.避免笔试和面试中常见的问题。

职业学校学生的去向,基本上是各类企业,参加企业招聘是我们走向工作岗位的一个基本环节。通过几年的在校学习、实习,学生们就需要寻找就业机会、确定就业单位、参加各类选拔测试、最终走向社会参加工作。笔试和面试是用人单位常用的选拔测试手段,而毕业生要想进入到笔试、面试阶段,之前必须选择好自己的就业单位和岗位。

知识链接

最经典的 35 个面试问题

下面 35 个面试问题是从 900 多个面试问题中精选出来的,有一定的代表性:

(1)告诉我有关你自己的情况?

(2)你为什么申请这项工作?

(3)你了解这项工作和这个公司吗?

(4)你对工作的期望是什么?

(5)谈谈你自己。

(6)你主要的特长是什么?

(7)你最大的缺点是什么?

(8)你最喜欢什么类型的工作?

(9)你为什么希望上我们这个公司来?

(10)这些年来你最大的成就是什么?

(11)这个工作为什么吸引你?

(12)在过去的生活中你最大的错误是什么?

（13）你是如何解决那问题的？

（14）5 年内你希望自己有何发展？

（15）你现在正和其他公司洽谈吗？

（16）你对成功的定义是什么？

（17）你有野心吗？为什么？

（18）你如何描述自己做事的风格？

（19）你做事的态度是什么？

（20）你喜欢独立作业还是集体作业？

（21）你受的教育和有关经验与这项工作有什么联系？

（22）你的生活目标是什么？

（23）空闲时你都做些什么？

（24）为什么你不去追求更好的工作或职位？

（25）我们原先希望找一些岁数更大、经验更多的人，你符合吗？

（26）你认为好经理该有什么条件？

（27）你的朋友多吗？为什么他们愿意和你来往？

（28）你如何对待那些你不喜欢的人？

（29）如果你的上司和你的同事有利害冲突，你可能站在那一边？

（30）你希望挣多少钱？

（31）为什么你还没有找到工作？

（32）你能为我们提供什么帮助？

（33）将来你打算跳槽吗？

（34）如果你被聘用，你有哪些要求？

（35）如果达不到你的要求，你还会在这里工作吗？

企业招聘往往采取笔试加面试；或单独笔试、单独面试等形式。同学们通过参加笔试和面试，以接受用人单位的挑选。

一、笔试及笔试相关事宜

（一）笔试的含义及特点

笔试是相对于口试、面试而言的一种考察人的知识能力大小的基本测试方法和重要工具。是最传统的、使用最为广泛的一种考核方法，通过卷面作答，可以有效地检测被试者多方面素质和能力。如基本知识、专业知识、管理知识、综合分析能力和文字表达能力等方面所达到的程度。

笔试并不是每家公司的招聘流程中都会涉及的环节。原因在于：一方面，大量的笔试求职者，会造成招聘单位的组织及后期筛选成本比较高；另一方面，相对于专业的技术性要求不高的职位来说，对于应聘者的写作能力和分析问题能力的考察也可以通过其他的途径来实现。比如，有的公司的申请表上有很多主观性的问题，这实际上就是在考察你分析问题和解决问题的能力，同是也考察了你的思维水平和表达能力。

尽管笔试不是每家企业招聘流程中的必经环节，但笔试也是很常用的招聘员工的方式，学习笔试的一些基本要求和内容,对于我们求职就业是必须的。

(二)笔试的基本形式及题目类型

(1)根据笔试的手段来分,主要有以下两种类型:

一是笔试。这是传统的笔试类型,发试卷给应试者,通过应试者进行试卷作答,以考察应试者的水平。

二是机考。由于计算机的普及,以及计算机考试、统分的便利性、准确性和测试的量产化等优越性,在各类考试中,上机考试十分普遍。

无论传统笔试或是机考,测试的题目类型大致有以下几种:选择题(分单选和多选)、填空题、判断题、辨析题、简答题、问答题、论述题,每一种题目类型均可以考查应试者不同方面的知识和能力,都各有优缺点。

(2)笔试根据内容来分,主要有以下两类:技术性笔试和非技术性笔试,分别能够考察到应试者的专业水平和基本素质。

专业能力测试:主要考查学生在校期间所学专业知识和形成的专业技能。一般考查应试者专业基础知识,注重实用性,相对比较简单,主要考虑到招来的员工上岗就能独当一面开展工作。

基本素质测试:这类测试的内容相当广泛,涉及时事政治、经济、文化、社会生活各方面常识;考察求职者的世界观、人生观、价值观;工作态度及人际关系协调能力;心理健康状况等。

(三)笔试的目的和作用

通过笔试能够考查被试者的分析能力;逻辑推理能力;发散思维能力;判断能力;记忆能力;语言表达能力(书面语言)等,同时传统的笔试,可以从被试者的字迹考查到他处世态度、办事严谨程度以及个人性格等多方面信息。笔迹与人的心理有一定的关系,我国古代及西欧国家许多学者对此早有研究,早就提出"字如其人"之说。而机考则能够考查到被试者基本的计算机操作水平、应用能力。

通过笔试,用人单位可以考查到应试者的如下能力和素质:

(1)人文素养;

(2)专业能力;

(3)心理素质;

(4)阅读理解能力;

(5)文字表述能力。

目前,计算机已经成为人们工作的基本工具和手段,企业很多任务的完成都要依赖计算机的帮助。

(四)参加笔试时需注意的问题

认真复习,准备好考试内容自不必说了。有的企业在招聘中会公布一定的考察范围。但是,一般的企业没有划定笔试范围,如此,应聘者就应该多查看其他同类企业的招聘考试内容,多关注想要应聘企业的相关信息、想要应聘岗位的业务范围和工作要求。

另外,参加常规笔试时还要注意:

(1)看好考试地点及前往路线、所乘交通工具,要提前到达目的地,千万不要迟到;一般在开考前 30 分钟到达考试地点,熟悉环境、平复心境。

（2）事先准备好所需物品，切忌遗漏。如：各类证件（准考证、身份证等，一般这两个证件缺一不可）；各类文具（2B铅笔、黑色水笔、橡皮、尺子等）。

（3）身上备些零钱、餐巾纸，带上手表以便掌握时间，因为进入考场后，手机必须关机或上交，无法查看时间。

（4）笔试时一定不能忘记写上准考证号、座位号、姓名等基本信息。

（5）闭卷考试时，如果遇到不清楚或不明白的地方，一定要举手报告监考人员，按照他们的指引、安排进行处理，以免发生意外。

（6）答题时间要掌握好，不要在某些题上耽搁太多的时间，写好的答案应及时涂在答题卡上，以免忘记或来不及填涂。

（7）临考前几个小时不要大量喝水，也不要吃得过饱，以减少麻烦。

（8）保持良好的心态，考试要有适度的紧张，过于随意便不能让自己处于最佳状态，但同时又不能过于紧张。

如果参加上机考试，这与笔试有很大的差别，大家还需注意：

（1）考生考前30分钟到检录室等候，由工作人员核验考生准考证、身份证，然后抽签决定座位号（机器号）。

（2）考生持准考证、身份证进入考场，没有或者缺少证件的不得参加考试。

（3）考试过程中，如果出现死机或系统错误等，应立刻停止操作，举手与监考人员联系。

（4）上机考试时间由系统自动控制，时间到将对系统进行锁定，考生应立即带上证件及文具，按监考人员要求离开考场。不得与其他考生交流，不得滞留于考场。

活动设计：笔试的准备操作

1.明天我要去考试（笔试）：学生实践——为了明天的笔试，我做了哪些准备？学生上台展示、梳理自己准备的软硬件条件。老师逐一点评，指出对与错。

2.明天我要去考试（机考）：学生实践——为了明天的上机考试，我做了哪些准备？学生上台展示、梳理自己准备的软硬件条件。老师逐一点评，指出对与错。

二、面试及面试相关事宜

（一）面试的含义

面试是一种在特定场景下，经过精心设计，通过主考官与应试者双方面对面地观察、交谈等沟通方式，了解应试者素质特征、能力状况以及求职动机等情况。面试主考官对被试者进行"问""听""察""析""判"，综合考察出求职者的思维流畅性、反应速度、判断能力以及对事对人的态度和价值观念。面试官的目的就是要通过各种提问与测试来反复求证你和该职位的一致性。

（二）面试的基本形式

（1）从被试者参与人员的多少看，可分为个体面试和群体面试。

个体面试：个体面试亦称单独面试，也称为结构性面试，这是典型的面试形式，指主考官与应聘者单独面谈，是面试中最常见的一种形式。

单独面试又有两种情况：一是只有一个主考官负责整个面试的过程。个体面试的优点是能够提供一个面对面的机会，让面试双方较深入地交流。这种面试大多在较小规模的单位录用较低职位人员时采用。二是由多位主考官参加整个面试过程,但每次均只与一位应试者交谈。每位考官都可能向面试者提出这样或那样的问题,求职者会有一定的压力。

集体面试:又称为群体面试,即无领导小组讨论,会给 1 个问题或者话题,让几位被试者展开讨论,然后确定一位被试者做总结性发言。在此过程中,考官一般作为旁观者考察各位求职者的表现,以发现各位的优缺点,达到测试效果。无领导小组讨论是最常见的一种集体面试法。公布命题面试开始时,各位求职者会先做自我介绍,以增进同小组成员及他们与面试人员之间的了解,同时也是向考官做介绍。众考官坐于离应试者一定距离的地方,不参加提问或讨论,通过观察、倾听对应试者进行评分。应试者自由讨论主考官给定的讨论题目,这一题目一般取自于拟任岗位的职务需要,或是现实生活中的热点问题,具有很强的岗位特殊性、情景逼真性和典型性及可操作性。

(2)按照面试的场景可分为常规面试与情景面试。

常规面试:就是我们日常见到的主考官和应试者面对面,以问答形式为主的面试。主考官提出问题,应试者根据主考官的提问做出回答,以展示自己的综合素质。在这种面试条件下,主考官处于主动提问的位置,根据应试者对问题的回答以及应试者的仪表仪态、身体语言、在面试过程中的情绪反应等对应试者的综合素质状况做出评价;应试者一般是被动应答的姿态,不断地被面试官观察、询问、剖析、评价。

情景面试:情景面试是面试形式发展的新趋势。即通过无领导小组讨论、公文处理、角色扮演、演讲、答辩、案例分析、才艺展示等方法考察被试者的多方面水平。在这种面试形式下,面试的具体方法灵活多样,面试的模拟性、逼真性强,应试者的才华能得到更充分、更全面的展现。情景面试方法,突破了常规面试即主考官和应试者一问一答较为拘谨的考察模式,可以使主考官对应试者的素质获得更全面、更深入、更准确的观察与评价。

(三)个体面试和集体面试的目的(作用)

个体面试所要谋求的是尽可能多地挖掘出应聘者的真实内涵,通过交谈,了解应聘者的多方面信息。所以,应聘者要牢记自己的目的是要让对方接纳自己,这是应试者回答问题的出发点和根源所在。

集体面试主要用于考查应试者的理解与表达能力、人际沟通合作能力、洞察与应变能力、分析与决断能力、组织领导能力等。在集体面试中,通常要求应试者做小组讨论,相互协作解决某一问题,或者让应试者轮流担任领导主持会议,发表演说等,从而考察你的表达能力、场面控制能力和组织领导能力。

关于面试材料的准备:由于面试的时间有限,为了了解应聘者更多更详细的情况,往往要制作一份简要而又能反映求职者基本情况的求职材料,这需要延伸到学生的在校学习整体情况。图 2-10 为投递个人资料的情形。这部分内容在本模块的前半部分已做介绍。

(四)面试的具体过程

求职者在去面试之前,除了自身各方面基本素质的积淀外,还要了解应聘企业以及应聘岗位要求的相关信息,了解招聘职位的具体职责,并确定胜任该职位所必需的专业背景和技能、了解面试的一般标准,以便在应聘过程中能与对方有良好的交流。对此做充分、必要的准备非常很重要。

真正到了面试场所要注意以下环节:开始进行正式面试之前,先在等候大厅耐心等候,听到召唤后,方可前往面试室,进门前要将门轻敲两下;得到允许后,轻轻把门打开,走进房

间,向面试考官点头致礼;轻轻把门推上,然后面向考官鞠躬问好,随考官示意坐在为考生所准备的椅子上。随后要做到以下几点:

图 2 - 10　招聘会面试前的资料投递环节

(1)精神饱满,善用眼神。

应聘时要保持昂扬的精神状态。求职者在应聘时首先要让考官感觉你充满活力、富有朝气,精神状态良好,这比外在的服装、发型面容的修饰、五官长相,身高等更为重要。

求职者的眼睛、面部表情非常重要。有研究表明,那些善于用眼神及面部表情,甚至以一些简单的小动作来表现自己饱满情绪的应聘者的成功率,远高于那些目不斜视、笑不露齿的人。有一项对 52 名人力资源专家进行的实验:让这些专家通过观看以前进行过的面试录像决定请谁来参加第二轮面试,这些专家被分成两组,一组观看的是一个有许多眼睛交流、显得精力旺盛的应聘者的录像,结果,26 个专家中有 23 人邀请这个应聘者再次参加面试;另一组专家观看的是一个很少有眼睛交流动作,表现得没有多少活力的应聘者的录像,结果 26 个专家中没有一个人请他参加下一轮面试。交流中我们应学会用眼神和面部表情对考官的测试随时做出回应,以表达出你良好的精神状态和对于考官的在意程度,表达出你全身心地专注于你们的交谈中。

面试的时候精神要饱满,说话的时候要看着考官,尤其不要低头;自信是非常重要的,应该"自信但不自负、自然但不随便、机智但不狡猾"。

眼神不能飘忽不定,长时间回避对方目光或是左顾右盼,是"心里有鬼"或是不感兴趣的表现。但也不能一直紧盯着考官,让人感到不自在。眼睛在与对方眼神接触时以 3~5 秒作为变换的频率,恰当的目光反应,使整个交谈融洽、和谐而且生动有趣。

目光注视的区域也很有讲究。以两眼为上线,唇部为下顶点所形成的倒三角形区域,当你和人谈话时注视着对方的这个部位,通常能给人一种平等而轻松的感觉。同时,我们还要注意注视的禁区:对方头顶、胸部、腹部、臀部、大腿或脚部和手部等部位,目光一般不在这些位置停留。

活动设计:善用我们的眼神,为面试加分。学生进行各类眼神的展示、利用,教师对学生眼神使用情况进行评价。

（2）穿着整洁，打扮端庄。应聘者的穿着打扮要尽量不让考官们有任何歧义，力求落落大方，让人赏心悦目，有舒服、踏实的感觉。切忌穿奇装异服，不论男生女生，衣服与装饰、发型与面容，都应当穿着、修饰得像个正派规矩之人；并且注意清洁卫生，千万不要染另类颜色的头发，着浓妆。一般去大公司应聘时，要比较讲究些：男性的穿着一般为西服套装，打领带，不要穿牛仔裤参加面试。女性一般穿西服套裙，或连衣裙。但一般小公司应聘时则没有这些特别的要求，整洁、端庄即可。

活动设计：学生进行面试着装展示，教师进行点评，指出正确之处及存在问题。

（3）坐姿端正，态度诚恳。身子端坐在椅子前半部，双脚并拢或留有1～2拳的距离，挺直腰，双手合拢轻放在丹田或放在面前的桌子上。面部肌肉自然放松，眼含笑意，正视提问者的面部作出回答。切忌靠在椅子上与考官交流，更不能将手臂搭在椅背上、跷着二郎腿跟考官说话。

活动设计：学生进行面试时坐姿、态度观察演示，教师进行点评，指出正确之处及存在问题。

（4）善解其意，回答准确。能够迅速对考官的问题做出回应，正确回答考官的提问，及时准确地表达自己的观点和意向，特别是把自己愿意加入企业发展的真诚愿望以及自己的能力才华及时地表达给考官。尽量不要使用反问句直逼考官，以免考官产生厌烦情绪，要注意讲话的艺术性。

活动设计：学生回答老师或学生模拟考官的问题，教师指出其正确之处及存在的问题。

（5）适时结束，礼貌退出。当考官表达了结束面试意向时，特别是考官比较婉转地表达了结束谈话的意向时，要及时反应，做出决断，退出考场。要对企业给予的应聘机会、考官的考试工作表示感谢，真诚地希望能够得到企业的录用，从椅子上站起身，再次向考官道谢，转身走出面试室。

活动设计：学生模拟面试结束退场，教师指出其正确之处及存在的问题。

（五）面试需要注意的问题

面对陌生的考官以及被试处境的压力，必须要有充分的心理准备，以做到沉着冷静、应答自如流畅。

1. 掌握倾听的技术

这不仅反映出你对主试者的尊重，而且是准确领会对方意思表达的前提，同时也给自己留有充分的反应时间，从而正确回答对方问题，体现自身的真实水平。

2. 面试时要有必要的约束

注意礼貌，有的同学面试时，两条腿不停地晃动，这些都是不礼貌的，这种场合还是有约束比较好。另外，讲话要选择正式用语，不要使用网络用语或者俗语。要去除不安和焦灼的心理，只有这样，才能发挥出最佳效果。

3. 切忌咄咄逼人

求职者在气势上不能太弱，但是也不能在气势上压着考官，言辞过于犀利，随意打断别人的谈话是不正确的做法,这会让他很不舒服,从而丢掉机会。

4.要灵活应变

展示真我,但也要投对方所好。要根据公司和职位的需要,集中展示面试官最为关注的某方面能力,并把这些能力加以放大。

5.群面时自我表现的分寸把握

即不能默不作声,也不能过度表现。不发言或者发言的次数太少,则没有机会表达自己的观点、展露自己的才能;过度表现则反映出团队合作能力欠缺,容易侵犯别人的发言权、不尊重别人,会给面试官一种你不善于倾听别人意见,合作意识差,表述颠三倒四,不知所终的感觉。

活动设计:情景剧表演(模拟面试场景)——我的问题出在哪? 选择多位学生扮演面试求职人员,教师作为考官,在交流过程中观察学生作为求职者的表现,对于得体的表现予以肯定,对于不合适的表现予以指正。

(六)无领导小组讨论——面试的新型模式

1.无领导小组讨论的基本要求

(1)小组人数:被评价者的最佳数量一般以5~8人为宜。

(2)在进行小组讨论时,首先要注意围绕主题表达出自己的观点和态度,发言时不要脱离主题。

(3)在进行小组讨论时,应团结协作。要考虑到小组整体利益,注意到自己是团队中的一员,一切应以集体的利益为重。我们每个人都要抱着团结一致、积极主动的态度参与到这个团队中来,切忌过多考虑自己在小组讨论中的地位,盲目突出自我。在讨论时可以有适当的冲突,但不应偏离总体的目标。图2-11所示为无领导小组讨论场景。

图2-11 无领导小组讨论场景

(4)总结人要在聆听发言的同时,快速记录每个人发言的要点,并每隔一定的时间对大家的发言进行口头的归纳,以免发生自说自话的情况出现。

(5)每个人在发言时,要做到表述清晰,思路敏捷,抓住要点。

2.无领导小组讨论的具体过程

规范的无领导小组讨论一般要经过以下几个阶段:

入场→落座→听题→略作准备→个人观点陈述→自由讨论→主述者总结→讨论结束→考官整理记录→评分→公布结果。

表2-6 无领导小组讨论评分表

选拔职位:

测评要素 竞争者	分析能力 20分	领导能力 20分	应变能力 20分	表达能力 15分	合作能力 15分	自控能力 10分
观察要点	1.充分利用各种信息,准确把握问题的实质 2.从多角度对问题进行准确的剖析	1.具有较强的控制力,善于把握和引导局面 2.主动协调和争取持相同或相近观点的人,与之形成联盟	1.机智灵活地应对各种变化和意外情况 2.能够敏锐觉察他人论点和论据的漏洞,及时质疑,提出新见解	1.语言表达清晰准确,富于逻辑 2.善于倾听,准确领会他人的意图	1.富有团队意识,善于换位思考 2.顾全大局、讲究配合	1.情绪稳定,自信心强,尊重对手 2.提出的问题能切中要害,并有强烈的说服他人的欲望
1号						
2号						
3号						
4号						
5号						
6号						
7号						

考官签名: 日期: 年 月 日

表2-7 无领导小组讨论综合评语表

选拔职位: 考官签名:

成员代码	综合评语	总　分
1号		
2号		
3号		
4号		
5号		
6号		
7号		

活动设计:无领导小组讨论:能力和机遇(世界 500 强 LGD 面试题)。

能力和机遇是成功路上的两个非常重要的因素。有人认为成功路上能力重要,但也有人认为成功路上机遇更重要。若只能倾向性地选择其中一项,您会选择哪一项? 并至少列举 5 个支持您这一选择的理由。

要求:请您首先用 5 分钟的时间,将答案及理由写在答题纸上,在此期间,请不要相互讨论。在主考官说"讨论开始"之后进行自由讨论,讨论时间限制在 25 分钟以内。在讨论开始时每个人首先要用 1 分钟时间阐述自己的观点。

注意:每人每次发言时间不要超过 2 分钟,但对发言次数不作限制。在讨论期间,你们的任务是:①整个小组形成一个决议,即对问题达成一致共识。②小组选派一名代表在讨论结束后向主考官报告讨论情况和结果。

(参考:《无领导小组面试的种种——附 500 强经典案例》,资料来源:百度文库)

三、笔试、面试结果跟踪

有的测试特别是一些面试,当场就给予结果。但是,有些测试并不能当场获得测试结果,这就存在一个问题:什么时候能够知道我通过考核没有? 有的考官在测试结束时会告知测试结果通知的时间,而有的则没有明确告知时间。这样,我们何时询问测试结果就成了个问题。

一般而言,招聘方特别是一些规模较大的企业,招聘的程序较为复杂,在挑选应聘者上是需要一定时间的,所以面试之后一周没有收到回复是正常的。如果在面试之后十天半个月还没有收到回复,便可主动向招聘方询问一下结果,这样既可以显示出你的诚意,又不会因为太过心急而让对方为难。应聘者可以直接到企业相关部门询问,也可以电话联系相关人员。

第四节　毕业生离校及入职时的心理调适

案例导入

小张经过近 3 年的在校学习,目前,面临办理离校手续,即将踏入社会。可此时,小张感到什么也没有学到,脑子空空、身无长物。最近经常和同学、老师及家长抱怨学校不好、老师不好、家长也从未关心过他;情绪比较低落,内心十分迷茫、踌躇和不安;甚至害怕去找工作、去上班。

任务导出

1.了解离校、入职时常见的心理问题;

2.掌握离校、入职时常见的心理问题的调试方法;

3.以健康向上的心理状态迎接新生活。

一、毕业生离校的心理调试

(一)毕业生离校时的心理状态

随着大学连年扩招,在当前社会现实中,大学生原有的就业优势越来越小,他们中的不少人对于就业的前景感到难以掌控,对于未来前途的不确定性加大,从而引发焦虑和烦躁;另外,绝大部分学生的成长经历是从学校到学校,对社会了解不多,而目前的现实社会又较为复杂,有部分学生没有做好进入社会的心理准备,容易产生迷茫、乃至于逃避的心理。有研究结果表明:当前,我国高校毕业生存在一定程度的择业焦虑,其中,对就业前景的担忧较为严重,缺乏必要的社会适应能力,甚至有个别的学生产生逃避社会的不良心理,成为宅男宅女。有的学生在离校前夕由于心理状态不良而发生了一些不该发生的事情。

然而,大部分学生在校期间努力学习、接受锻炼,德智体美劳及心理素质全面提高,能以积极心态面对一切,走向开阔的人生。

(二)毕业生离校前的心理调试

1.怀着感恩的心处事待人

学生毕业离校,要感念在校期间所受到的来自各方的关爱:辅导员对我们的教诲引导;各科老师对我们的培养教育;寝室管理员对我们的管理照顾;考虑到学院的物质文化精神已经嵌入到我们的骨髓里、流淌在我们的血液中。

正如云南师范大学商学院 2010 届《毕业生文明离校倡议书》中所说:"铭记师恩,珍视友情。积极与师长、同学交流,感谢学校、老师的教诲,传承商学院精神,牢记'刚毅坚卓、创新立业'的校训,在最后的时光,正确把握和处理好同学关系,互敬互爱、互勉互励,共同成长。"

2.要以宽容的心妥善处理多种感情问题

经过近 3 年的朝夕相处,即将离校的大学生,面对工作、友情、爱情,甚或在校期间的矛盾、对立、冲突,有的人义无反顾,有的人犹豫彷徨,有的人则失落叹息。但是,同学们应该明白,越是到这个时候越要冷静处理好每件事情。

"爱"与"被爱"是相互的,要给对方以选择的权力,既然真爱对方,就要给他或她自由选择的权力。爱情不可强求;即使被对方拒绝,也不要失去自信,要勇敢地面对现实,不断提高自己的各方面素质与能力,创造条件获得更加美好的未来。

另外,除了恋人之类感情问题,还有对于朝夕相处了近 3 年的老师、同学也要正确处理好关系。比如:对于曾经批评过我们的老师;对于评优评先、奖助学金评选等方面你认为处理有所不公的老师;对跟你有过瓜葛的同学都要宽以待人、不计前嫌,要明白我们大家能在一起生活、学习、工作两三年是一种缘分。

3.敢于挑战自我,积极寻找机会,不怕失败落空

首先要树立自信心。生活不可能一帆风顺,求职的过程也一样,不管遇到什么问题,始终都要坚定信心,要以自信为基点敢于面对现实,要培养独立自我意识,增强竞争理念,从全局考虑、放眼未来,只要不懈努力,相信机会总会有的。另外,对自己要有正确的自我评价。对求职的期望值不要过高,当理想与现实差距太大时,要善于进行理智的分析,及时进行自我调节。学生本人要以乐观的态度应对困难,以正确的思维方式分析挫折,积极寻找机会,适应社会、走进社会、融入社会。

4. 了解自我，准确设定就业目标

确立就业目标是维护良好就业心理的第一步。应树立"先就业，再择业，再创业"的观念。先有一份工作，在实践中锻炼能力，积累经验，以利于今后更大的发展。不要守着一个标准不变，不要一味地在家等、靠，也不要怨天尤人，要有一个积极的心理状态，边干边积累经验，以获得更大的发展机会。

5. 科学掌控情绪，合理宣泄不良心理

人常说积重难返，痼疾难医。挫折不可避免，要及时采用适当的方式来宣泄心中的痛苦和不满，不要让它日积月累形成痼疾。可以通过转化法、宣泄法合理调节情绪。当内心极度矛盾、痛苦时，可以通过体育锻炼、听音乐、郊游、全身心学习等方式转移注意力，排解苦闷，放松心情；可以向信得过的家人、朋友去倾诉，把自己内心的伤痛宣泄出来，在他人的安慰与指点中舒缓不快心情，也可以找专业的心理咨询师咨询。

二、毕业生常见的求职心理问题

(一)期望值过高，常常难以如愿

青年学生初生牛犊不怕虎，没有吃过亏，觉得什么事情都能搞定，对于即将到来的工作，想得过于简单，与自己的实际工作能力不相匹配。期望值过高，往往感觉社会不能认可自己，英雄无用武之地，落魄、消沉。

(二)过于注重收入，忽略其他重要因素

有少部分毕业生对于经济收入看得过重，表露得过于急切，往往忽略了个人发展进步的其他很多重要因素。如：锻炼成长的机会、学习深造的机会、与领导和同事融洽的关系等。过于斤斤计较，就会因小失大，得不偿失；注重了眼前，往往失去了长远。

(三)必须凭借非常关系才能找到好工作

有些毕业生不注重提高自身的基本素质和专业才能，错误地认为有没有过硬的本领不重要，只有凭借"非常"的关系方能找到好工作；而自己没有什么社会关系可以利用，以后不会找到理想的工作，以至于长期以来学习动力不足、精神不振。有的毕业生找工作的积极性不高，甚至成为宅男宅女；有的到处托人拉关系，失了金钱、丢了人格、坏了风气。

(四)找工作于己无关，是父母长辈的事情

有些同学自立性比较差，凡事得家长、老师给安排好了才行，找工作也不例外，家长忙得满头大汗、筋疲力尽，孩子却心不在焉、无所用心。企业对于这样的毕业生很是反感、不予录用。

知识链接

莫让家长陪着找工作

在人才市场招聘会上，我们经常可以看到家长陪着孩子一起找工作。往往是家长手里拿着孩子的求职信、人才市场的宣传材料、用人单位的岗位介绍及用人标准，有的家长甚至帮孩子填起了招聘表。而孩子则显得心不在焉。很多家长并没有把孩子当成社会人来看待，依然把他(她)们当成未成年的孩子，担心他们在外吃亏受累。而毕业生也常常表现得就是个孩子，对于找工作的欲望不强、规则不懂：找不找工作无所谓；不明白工作性质类别；不清楚什么是社会保险及社会保险究竟有什么用；不懂得承担社会责任及工作职责等。

对于家长的这种做法,用人单位却有着不同看法。

有的招聘负责人表示理解并赞同父母陪同子女参加应聘,因为不少孩子会采纳父母的意见,供需双方达成就业协议的成功概率更大。但更多的招聘主管表示,用人单位普遍看重求职者的工作能力、分析思考能力、判断能力与求职信心,而这些全部是建立在独立思考、独立行动基础之上的。大学毕业生已是成年人,连找工作这样关系切身利益的事都不能单独应对,甚至由长辈代劳,很容易激起用人单位的反感,印象分会大减。表示家长过多干涉和操心,不仅会让孩子没有独立思考的空间,影响孩子的判断力,同时也会让人质疑孩子是否有独立意识和独当一面的工作能力。

有专家认为有些家长只是出于关心,陪同参加,但并不插手孩子应聘,这样的"陪聘"不会对孩子和用人企业造成太大影响。而有些家长代替孩子进行应聘实不可取。学校要加强实践教学,多给学生一些实际操作环节训练,在毕业前就引导学生去人才市场感受感受。学校、政府以及社会各界,应当多方联动,共同让大学生顺利完成从学生到职场人的转变。

(五)希望找份钱多但不累的工作

有些学生和家长在找工作时,总是千方百计地四处打听、寻找轻松无压力、收入又高的工作,试想有天上掉馅饼的好事吗? 不能说绝对没有,但是即便有也是可遇不可求的事情。按照常规来说,我们必须脚踏实地,从基础工作做起,一步步熟悉、经历每一工作环节,最终才能成就大业。

(六)不着急,今后会有更好的工作出现

有的学生毕业后不是用心去找工作,而是东挑西拣、三心二意、这山望着那山高,总觉得眼前的工作不能发挥自身的能力,今后会有更好的工作在等着自己。一个月又一个月、一年又一年过去了,工作始终没有着落。我们讲:即使想找更适合的工作,也不能坐在家里等,只能在干中历练、积极寻找,有了工作经验后,换工作也有了基础、有了经验,才会成为企业和社会欢迎的人。

> **活动设计:**请几位学生谈谈毕业临近时面临的困惑,自己是如何解决的? 教师指导他们进行有效调节。

三、毕业生新入职的心理调试

大学生毕业后,经过求职面试成功获得理想职位后,将进入人生的崭新阶段。绝大部分学生可以通过自我调节,顺利进入企业开始工作,但也有很少一部分学生难于实现成功转型,不能适应职场工作需要。这部分学生特别需要关注。

知识链接

大学生初入职场要克服"依赖心理"

有记者在调查中发现,一些毕业生工作后心理上尚未"断奶",不能迅速适应新环境要求,成为真正的职场人,让用人单位很无奈。毕业生进入职场后要及时转换角色,进入工作状态。

经过十几年的学习生活,高职高专毕业生对于作为学生角色的体验可谓轻车熟路,学生

生活使每个人都养成了一种习惯性的学习、生活和思维方式。刚走上工作岗位,高职高专的毕业生常常会自觉不自觉地将自己置身于学生角色的位置,表现出对学生角色的依恋,以学生角色来要求自己和对待工作,以学生角色的习惯方式观察和分析事物。工作中往往表现为依靠上司来安排、布置,缺乏依据自己的工作职责来开创工作局面的积极主动性。

有专家指出:用人单位应该对初入职场的大学生多一点包容和耐心,多一些信任和欣赏,努力营造团结、和谐、快乐、向上的工作氛围。而大学生踏上工作岗位后,要根据现实环境适时调整自己的期望值和目标,做好吃苦受累的思想准备,学会从基层做起,脚踏实地发展,以职业人的标准要求自己,对工作认真负责,以单位利益为重,具备团队意识,处理好人际关系,既不要骄傲自大,也不要妄自菲薄,切忌急功近利,以自我为中心。只有认真工作,尽早进入角色,顺应职场规则,才能尽快成为真正成熟的职场人。

经过多年的培养、努力终于走上社会了,毕业生心理上有哪些变化?做好了充分的入职准备吗?实践证明很多学生多为独生子女,从小到大一心只是盯在读书上,接触社会的机会较少,但是这些人大多拥有高学历和各种证书,对生活和工作的期望值较高,容易眼高手低、心理承受力差。一入职场,发现现实与期望值在很多时候并不相符,就会产生心理落差,表现不尽如人意,有的则表现为频繁跳槽,找不到自己的位置,找不到前进的方向。

从校门迈入职场,有些毕业生心理脆弱,成了说不起、讲不得的"草莓族",令用人单位"头痛"。由上海青年研究中心负责调研撰写的《上海大学生就业问题研究报告》显示:用人单位对大学毕业生的总体评价中,关于"心理素质"一项的满意度普遍较低。对此,专家建议:毕业生们首先应该调整好心态,学校也应增设职场心理学,避免学生进入职场成为不受用人单位欢迎的"草莓族"。"草莓族"一词,最早起源于中国台湾,用以形容80后的年轻人像草莓一样——尽管表面上看起来光鲜亮丽,却承受不了挫折,一碰即烂。一用人单位负责人甚至这样调侃:"对于这些'草莓族',我们须小心翼翼、'轻拿轻放',就差没整天捧在手中了。"

有材料显示:新近录用的大学生心理素质普遍较差,主要体现在抗压能力不强,心理承受能力低,常常是"命令不起""批评不得";不善于团队合作,主动性及积极性较差;工作时没什么定性,只要有更高的薪水,就会见异思迁;有的职场新人在部门领导布置工作时,就感觉领导在对他进行说教而产生不良情绪,因此要求辞职。

由学生角色向职业人转变理性过渡。经过求职应聘的各个环节努力,符合企业要求的学生将变成单位的员工。即将走出"象牙塔",走上工作岗位,实现由一名学生到一名"单位人"或"企业人"的转变,大学生必须调整心态,树立积极正确的观念,才能尽快适应社会,有所作为。由青年学生向职业人的过渡是每位入职新人的必修课。

求职过程中,要客观全面评价自己。大学毕业生大都自视清高,在走出校门之前,大都有宏大抱负,但他们的一些想法过于简单或片面。容易受挫,一旦遭遇挫折,又很容易产生不安或不满情绪,失去竞争的勇气,抱怨现实社会。大学毕业生要正确地了解、认识自己,恰当地评价自己,将主观愿望与客观实际结合起来,多观察、多学习。

案例

毕业生入职需放平心态

经过一番求职的辛苦,小刘终于走上了工作岗位。一周培训结束后,小刘高兴地在超市上班了。师傅仔细地介绍了一番工作流程、领着他浏览了一圈工作场地,便让他独自在卖场工作了。小刘这摸摸、那转转,无所事事,这时看到一位顾客连拽了两三个塑料袋,小刘赶紧上前狠狠地训斥这位顾客,顾客说要买好几样菜,并没有多拿塑料袋,两人吵了起来。过不多久,有位顾客告诉小刘,由于菜堆得过多,有的已经掉到了地上,小刘刚把菜捡起来,又有一位顾客把两个辣椒碰到了地上,小刘大声训斥着这位顾客,顾客非常不满。这时,经理巡视卖场,正好看到了这一幕,便把小刘叫到旁边批评了几句。小刘涨红着脸,愤愤不乐,想着这并不顺利的工作过程,"我是来工作的,不是来受气的!"小刘下定了辞职的决心。第二天小刘在只工作了一天的情况下便递交了辞职报告。

毕业生进入新单位后,首先应该认清自己在工作环境中所承担的工作角色以及这个角色的性质、职责范围,弄清楚工作关系中上级赋予自己的职权和自己承担的义务,要多讲奉献,少讲条件;多吃亏,少占便宜。只有这样,才能尽心尽力地去扮演好自己的角色,才能收获更多的知识和经验。如果角色意识淡漠,一意孤行,我行我素,该请示的擅做主张,该自己处理的事务不敢做主或推给上司、同事,势必会与新环境格格不入,失去很多的发展机会。

走向社会的大学毕业生必须明白,实际工作中碰到的问题往往是综合性的,涉及跨学科、多领域的知识。社会需要的是"通才""复合型人才",很多知识是书本上学不到的,必须根据工作需要不断学习新知识,完善自己的知识结构。社会要求你遵守规则,诚实劳动,默默贡献。

要认定自己承担的工作角色,也就是认定自己在工作环境中的位置。要弄清楚自己所承担的工作角色的性质、职责范围,尤其是要弄清楚工作关系中的上级领导对自己的职权和自己承担的义务的要求。

案例

两位名人的艰难入职经历

董卿的冷板凳经历:10年前,央视春节晚会,还在东方电视台的董卿只是上海分场负责催场的工作人员;10年后央视春节晚会,董卿已成了主持人。随即,她又一举夺得全国电视最佳女主持人、最佳电视综艺节目主持人的称号,如今早已是家喻户晓的名主持了。

"超级访问"中倪萍对话李静、戴军,曝初入行遭冷遇:进入央视主持之前,已经因出演《山菊花》《中国姑娘》《那五》《雪城》数部影视作品而小有名气,获得过很多鲜花、赞誉和掌声。尽管如此,初入中央台却遭到了人生中的第一次冷遇。倪萍在《超级访问》中笑称自己当时外表差不被看好:"我进中央电视台的时候,我们办公室有11个编导,没有一个人站起来,可见这个外表很差嘛。我如果很靓丽,至少男同志会站起来吧,没有一个站起来。陈雨露头都没回,说我那脸和那个门框一样黑。他们总而言之是看不上我。"当时倪萍还被后来的好友兼导演陈雨露说:"我都想骂出来了,我们不想要这么大岁数、这么老的人。"而就在两周之后倪萍便上了《综艺大观》的直播,一个月以后便主持春节联欢晚会,让所有人都另眼相看!

高校毕业生在毕业后常常出现焦虑不安、不满、自卑、自我否定的心理失衡状态,这如果在可控范围内也是正常的。如果对正常生活略有影响,可以采取一些方法试着调整:可通过自我转化法、自我适度宣泄法、向人倾诉法等,以缓解压力。有些尽了主观努力仍无法改变的事实,我们要学会接纳。

知识链接

毕业生求职要适度调整就业预期

环渤海新闻网专稿。面对当前的就业形势与就业压力,高校毕业生求职时要做好自身规划,适度调整就业预期,准确定位。既不要盲目跟风,也不要由着自己的性子,认准一条道,一味钻牛角尖儿。下面4点建议供高校毕业生就业时借鉴。

(1)先端"泥瓦盆",再捧"金饭碗"。求职首先要理智地判断自身的价值,降低择业标准,先端"泥瓦盆",解决离校后自身的生计问题,以便找到立足之地,积累较丰富的就业经验之后,再考虑去捧"金饭碗",另谋高就。

(2)先进"加油站",再上"高速路"。把所从事的前一份或几份工作当成"加油站",从中积累工作经验、提高业务能力、建立人际关系网,待"油"加足了,便可直驶"高速路",谋求更理想的职业,实现自身价值。

(3)先做"小保姆",再当"大管家"。树立"从基层的一颗螺丝钉做起"的理念,掌握最基础的技能,为以后的创业积累经验。"小保姆"到"大管家"便是质的飞跃。

(4)先坐"冷板凳",再睡"热炕头"。打破求职趋"热"而避"冷"的常规观点,反其道而行之,来个避"热"趋"冷",未尝不是就业的好途径。

(《毕业生求职要适度调整就业预期》,环渤海新闻网,形童,刘琨)

图 2-12　毕业生求职场景

家长、单位和社会也应该对刚走上工作岗位的高校毕业生多些宽容、多些指导,不要一有问题就责备他们,而应该多引导、多帮助他们。另外,高校现在越来越重视指导应届毕业生进行切实可行的职业生涯规划,大学生自己也应重视这门课程,帮助自己为未来职业发展作策划和准备,客观认识所面临的困难,保持积极乐观的求职心态。

思考与训练

(1)在某校举办的毕业生招聘会上,一家效益较好的电子厂觉得2012届电工电子专业毕业生小张情况不错,愿意接收。虽然小张也认为他到单位后会有很好的发展前途,愿意到该单位,但总觉得有一些地方不尽如人意,如单位的位置有些偏僻,当地气候不好等。可能是这种机会来得太容易,小张做出不去该企业的决定。对此,学校老师和电子厂的同志都觉得遗憾和惋惜。仅仅过了3天,小张的思想上又发生了变化,又想去该企业上班。但是,这时招聘人员已经离开学校。后经联系,该企业表示,现在招聘计划已经完成,不能接收了。

讨论:小张为什么失去到电子厂上班的良机? 应该怎样利用就业信息来处理好自己的择业问题?

(2)请为自己心目中的某企业写一封求职信,制作一份简历,并与求职意向相同或相似的同学进行交流。

(3)笔试、面试时分别要注意哪些事项?

(4)如何在无领导小组面试时表现出自己的才华?

(5)怎样调整择业心态? 怎样调整入职心态?

第三模块　创业指导与实训

第一节　创业基础知识

案例导入

高职院校何以走出大批老板？

又到了一年高校大学生就业的关键时刻,就业问题成了关注焦点。湖北武汉长江职业学院大学生"创业现象"再次引起社会关注:该校经济管理学院08市场营销专业张翔宇在校创业,资产已过百万元,还应邀到兄弟院校作创业报告;08表演专业的张绍刚合伙在闹市开办股份企业,月收入可观;08旅游专业宋晓林开办旅行社,月接待游客200多人……据初步统计,2011届毕业生创业已超过100人。也就是在这个时候,该校江西景德镇市99届毕业生欧阳琦不仅创办的企业成为江西知名企业,而且入选全国第三届道德模范候选人,此事又一次在全校引起轰动。就是这个学校,创业典型不断,老板辈出,曾收购沃尔沃的浙江吉利集团董事长李书福先生就毕业于该校。因此,"企业家的摇篮"久负盛名,其"创业现象"发人深省。

长江职业学院大学生"创业现象"引起社会关注,主要在于该校营造了浓郁的创业氛围,大学生较早就接受了创业意识教育,初步具备了创业的基础知识。

任务导出

1.了解创业的基本政策,熟悉创业流程;

2.懂得创业的基本知识,培养创业意识;

3.掌握创业的基本技能,培育创业素质。

一、当前我国大学生创业概况

20世纪90年代,创业教育在一些高校悄然兴起,更多的高校投入到自主、多元探索的队伍。中国的创业教育从无到有,积累起越来越多的成功案例和宝贵经验。但我们不能不正视这样的现实,高校的创业教育起步晚,还不够成熟。"提高自主创新能力,建设创新型国家"和"以创业带动就业"是党的十七大提出的发展战略。《国家中长期教育改革与发展纲要》明确指出要大力推进高等学校创业教育工作。图3-1示意了社会各界为大学生创业提供大力支持。

2011年4月22日,教育部下发《关于大力推进高等学校创新创业教育和大学生自主创业工作的意见》。这样一份普通的文件成为一个重要的时间节点。因为从现在开始,创新创业教育将面向高校所有学生,融入人才培养的全过程。这同时意味着,中国高校人才培养模式、教学内容和课程体系都可能因此发生改变。这是一次为适应经济社会发展和高等教育自身发展需要应运而生的教育理念的转变，也是贯穿人才培养全过程的教育模式的更新。更重要的是，随着诸多政策、措施的全面推进，为开展服务大学生创业的各项公益活动奠定了基础，促进了大学生毕业后的自信创业、科学创业、成功创业。高校的创业教育将迈入一个新时代。

中国青少年网络协会以在校或已经毕业的大学生为调查样本，大学生创业情况调查结果分别如图3-2、图3-3所示。

权威教育数据咨询研究公司麦可思对中国2010届大学毕业生毕业半年后社会需求与培养质量的调查结果近日出炉。调查显示，2010届中国大学毕业生自主创业比例达到了1.5%，比2009届(1.2%)高0.3个百分点。其中，2010届本科生自主创业的比例为0.9%，

图3-1 多方合力建设创业教育网络

2010届高职高专毕业生自主创业的比例为2.2%。在麦可思的这一调查中，所有话题都将大学生分成本科毕业生和高职高专毕业生两个群体，分别进行研究。"本科生和高职高专生在就业市场的表现不同。"麦可思公司首席专家王伯庆博士说，对大学毕业生的就业研究，应该把本科和高职高专区分开来，二者在办学上存在类型和层次之间的差异，"像本科学校自己就有研究型、应用型等的差别，而高职高专院校直接面向就业，二者本身的培养目标就不一样，所以在研究时必须把他们分开来看。"

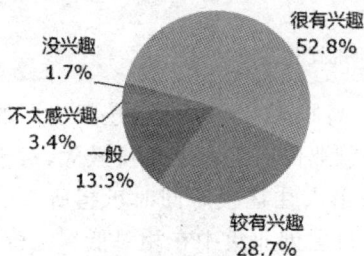

图3-2 大学生对创业是否感兴趣的比例

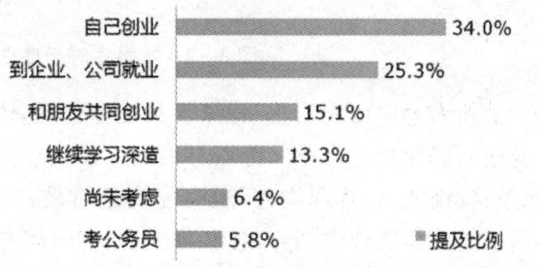

图3-3 大学生创业想法的比例

(一)高职高专生创业行业相对低端

从调查结果上看，二者也的确存在明显的区别。首先是数量上，2010届高职高专毕业生自主创业比例(2.2%)要远高于本科毕业生(0.9%)；其次，他们创业所在的主要行业也不一样。2010届本科毕业生自主创业主要集中在小学和中学教育的培训行业、互联网运营商和网络搜索门户行业，而高职高专毕业生自主创业集中在服装销售和建筑装修等相对低端的行业。

(二)本科生团队合作创业较多

毕业于哈尔滨工程大学的唐滨，其创业念头起源于一个很简单的想法，就是忽然不想再向家里要钱了。"我要创业，我要依靠自己的力量和所学带领所有和我一样的人靠自己生

活."经过两年的奋斗,始终怀着这个理想的唐滨,如今已是吸纳了 40 余名员工的软件公司 CEO。中国青年政治学院的陈翌自进入大学,便热衷于创业尝试,他的 QQ 签名一度是他改编的《蓝莲花》中的一句歌词:"没有什么能够阻挡,我对创业的向往。"陈翌自称做过的创业都是"小打小闹",但他"乐此不疲"。

调查显示,创业理想是 2010 届大学毕业生自主创业最重要的动力。接受调查的本科生对于自主创业的动机,41%选择"理想就是成为创业者",18%选择未来收入好,14%选择"有好的创业项目",11%选择"受他人邀请加入创业",因"未找到工作"而进行创业的仅占 7%,还有 9%的人选择"其他"。记者发现,对高职高专生的调查结果和本科生非常贴近,差别较大的是"受他人邀请加入创业",选择此项的高职高专生是 7%,比本科生的比例少 4 个百分点。图 3-4 表明本科生对于自主创业动机的比例。

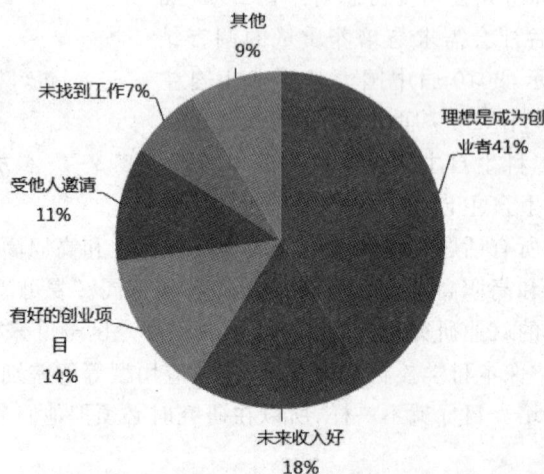

图 3-4 本科生对于自主创业动机的比例

"受他人邀请加入创业"意味着是集体创业,本科生和高职高专生对此项选择比例的差异,与他们创业所在行业的特点有很大关系。本科生集中创业的行业创业难度较大,对于技术水平、营销能力、管理能力、融资能力都有较高要求,一个人往往很难同时承担所有的工作,所以需要团队合作创业,各有分工,而高职高专毕业生自主创业集中在相对低端的行业,可以不依靠团队而创业。

(三)大学生创业者多靠自筹资金

说起创业的起步资金,宁夏大学第一届 KAB 俱乐部主席陈炯连连感慨"这对创业者来说是个大问题"。陈炯是学美术的,专业书普遍价格昂贵,他四处淘二手书,最后用 800 多元买下了原价 2 000 多元的书。这个经历让他发现了二手书市场,想尝试创业却发现自己没有资金。后来,他把这个创业想法告诉了 KAB 的指导老师,得到了肯定和鼓励,老师投资 6 000元帮助他们顺利抢占市场,"赚到不少钱"。

关于自主创业的资金来源,调查显示就本科生而言,"父母/亲友投资或借贷"占 63%,"个人积蓄"占 17%,"风险投资"占 4%,"政府科研/创业基金或优惠贷款"占 2%,"银行贷款/信用卡透支"占 1%,还有"其他来源"占 13%。高职高专生的上述各项比例依次是 64%、18%、1%、2%、5%和 10%。图 3-5、图 3-6 反映了大学生创业资金来源。

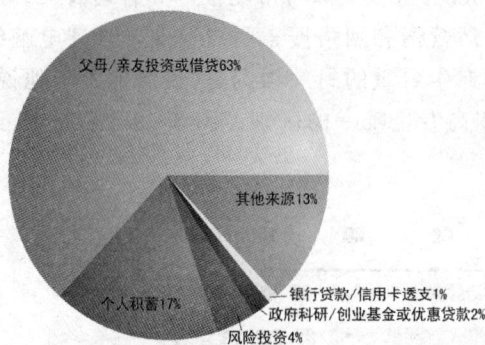

图 3-5　本科生自主创业的资金来源　　　图 3-6　高职高专生自主创业的资金来源

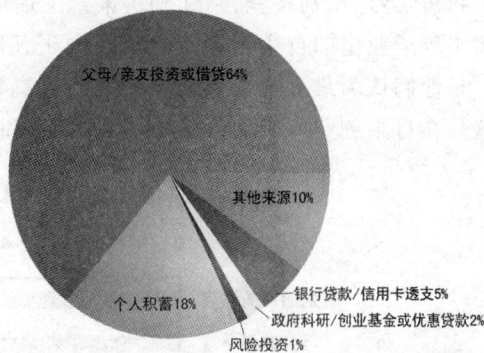

整体看来,高职高专生似乎没有陈炯这么幸运,在上述数据中通过对比可以发现,本科生和高职高专生在"风险投资"和"银行贷款/信用卡"上所占的比例大小正相反,高职高专毕业生通过风险投资获得创业资金的少之又少。

王伯庆表示,这也跟创业的行业有关。本科毕业生的创业行业比较高端,自然成为风险投资的对象;而高职高专毕业生的创业行业集中在较低端,很难成为风险投资追逐的对象。另外,风险投资看重创业团队,从教育程度和创业的团队性看,本科生更受风险投资青睐。所以,高职高专毕业生要更多依靠自筹资金。

(四)所需能力和知识共识度很高

调查显示,2010 届本科生和高职高专生都认为创业最重要的基本工作能力前 3 位是"有效的口头沟通""谈判技能""判断与决策";公认最重要的知识前两位是"销售与营销""消费者服务与个人服务";本科生把"心理学"排在第 3 位,高职高专生第 3 看重的则是"传播与媒体"。图 3-7、图 3-8 给出了大学生认为创业最重要的前 3 项知识。

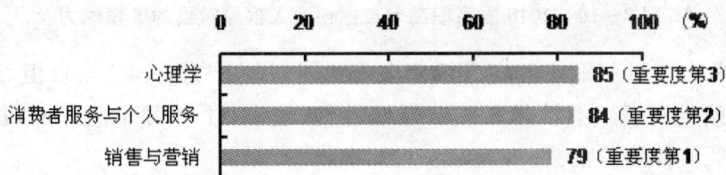

图 3-7　2010 届本科自主创业人群最重要的 3 项知识

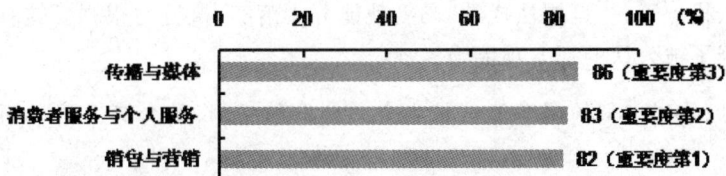

图 3-8　2010 届高职高专自主创业人群最重要的 3 项知识

2010 届自主创业人群认为最重要的能力,本科生和高职高专生都选择了有效的口头沟通、积极学习、谈判技能、判断和决策。王伯庆分析说,这4项都与市场推广和管理有关。此外,本科毕业生的自主创业因为较集中于互联网运营商和网络搜索门户行业,所以"电脑编程"是他们认为最重要的5项能力之一。高职高专生看重的另一项则是"说服他人",他说:"这是在自主创业所需能力这一块,本科生和高职高专生唯一的区别。"图3-9、图3-10给出了大学生认为创业最应具备的5项能力。

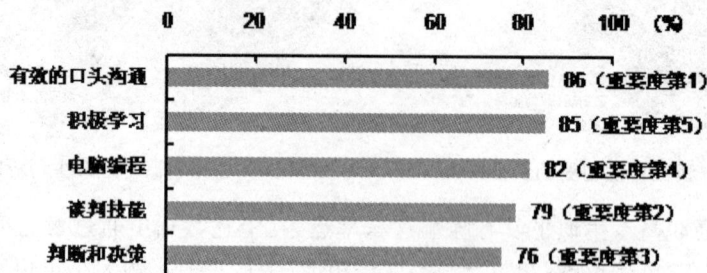

图3-9 2010届本科自主创业人群最重要的5项能力

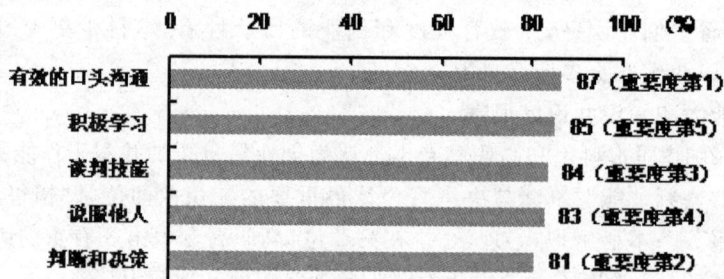

图3-10 2010届高职高专自主创业人群最重要的5项能力

哈尔滨工程大学的张丽娜和室友两年多前共同创办了"小不点"化妆柜,起名虽"小",但发展到现在已颇具规模。不管是在经营规模、团队建设,还是营业额方面,都走在SLOVO大学生创业联盟实体店的前列。

在所有创业因素中,张丽娜说自己最看重的是团队建设。"虽然在表面上看我们会有上下级的关系,但其实私底下我们都是很好的朋友,大家来自不同的院系、不同的年级,经常会带来不同的信息,这对公司的发展是很有利的,而且遇到问题时我们都喜欢'头脑风暴',大家一起想问题、找点子,一旦想法成熟,马上就能分头落实,执行力很强。"这一番看似简单的话,正生动诠释了被公认的那5项能力。

活动设计:请同学们了解身边的校友成功创业的实例,结合自身实际,谈谈自己创业打算。

知识链接

安徽工商职业学院省级大学生孵化基地

安徽工商职业学院大学生创业园（孵化基地）成立于 2009 年 11 月 24 日,位于学院大门内侧,建筑面积 550 平方米,学院首期自主投入 40 万(不含房屋建筑)用于装潢、购置营业货架、办公设备等。首期可容纳 10 家企业(创业团队)入驻,申请对象主要是面对我院毕业生和在校生,采用自主经营、自负盈亏的方式,公开在校内外(安徽工商职业学院毕业生和在校生)征集项目,通过竞争方式择优入驻。自 2009 年基地(创业园)建成以来,共有 200 多个项目参与申请,实际进驻 3 个批次共有 30 多个项目进入创业园进行创业孵化,孵化成功企业达 15 个,带动我院毕业生 150 多人就业或创业就业见习。大学生创业园(孵化基地)经营管理状况良好,九成以上企业均有赢利,吸引了省市和有关高校的领导参观学习,受到了良好赞誉。图 3-11 为安徽工商职业学院大学生创业园的开园仪式合影。

图 3-11　2009 年 11 月 24 日上午,安徽工商职业学院大学生创业园开园仪式在实习宾馆前隆重举行

安徽工商职业学院高度重视大学生创新创业教育和培养,积极响应国家"创业带就业"号召,不断改革教育体制机制,把创新创业教育融入整个教育培养的全过程,重视创新教育实践,重视创新创业教育保障体系的构建,在人力、财力、物力等方面加大投入。除大学生创业园(创业孵化基地)以外,学院还先后在校内投资建成了艺术造型中心、烹饪创意中心、实习宾馆、实习超市等实践场所,为学生提供创新、创意、创业锻炼平台。在整体氛围的带动下,校园内出现了诸如"五谷坊""华之锋手绘工作室""江城子商贸公司"等一批学生创业团队,由大学生创业协会主办的跳蚤市场也积极活跃在校园中。在大学生创业孵化基地等的整体氛围带动下,同学参与创业孵化的积极性普遍高涨,毕业生创业人数不断增加,创业典型不断涌现。曾经在我院创业园创业孵化的会计系毕业生胡恩源创办的"上海拓诚财务公司"因带动我院多名毕业生就业,成绩显著,荣获"首届全国高等职业教育毕业生百名创业之星"称号。2010 年,该院获"首批安徽省普通高校大学生创新创业教育示范校"荣誉称号。

二、基本创业素质和创业能力

施敏锐，女，2007 年 7 月毕业于安徽工商职业学院市场营销专业，在校期间曾获优秀团员、奖学金、三好学生荣誉称号。并通过自学考试，获得"商务管理专业"本科学历。毕业后，应聘一物资贸易有限公司任销售员，面对陌生的环境和产品，通过自己 1 年多的努力，由一名普通的销售员锻炼成为销售部经理，并带领团队辗转南京、无锡等近 10 个城市开发市场。目前，除在原公司任销售部经理和管理顾问外，2009 年初，又创办了自己的公司——安徽省翔远物资有限公司。现有员工 5 人，注册资本 50 万元，年销售额 200 万元，年利润 15 万元。经历种种艰辛，由打工妹发展到自己当老板。

施敏锐在毕业两年后，凭借自己扎实的专业知识，勤于工作，不断学习和勇于创业的精神，创办了自己的公司，初步拥有了属于自己的事业。这个实例说明了作为高职院校大学生创业者，须拥有较为强烈的创业意识，具备扎实的创业素质和创业能力。

(一)大学生基本的创业素质

创业是创业者通过发现和识别商业机会，成立活动组织，利用各种资源，提供产品和服务，以创造价值的过程。创业具有较高的风险，但也有较高的回报。创业是就业的另一种表现形式，是一种更加高级的就业，它不仅为自己创造了就业机会，还主动地为他人创造了就业机会。就高职学生的创业素质来说，主要包括以下几个方面：

1. 强烈的创业意识

创业意识是指在创业实践活动中对创业者起动力作用的个性意识倾向，包括创业的需要、动机、兴趣、理想、信念和世界观等要素。创业意识是创业素质的重要组成部分，是人们从事创业活动的强大内驱动力。

强烈的创业意识，帮助高职院校大学生创业者克服创业道路上的各种艰难险阻，也是大学生长期准备的结果。有志者，可将创业目标作为自己的人生奋斗目标。

2. 良好的心理品质

创业之路，是充满艰险与曲折的。高职院校大学生自主创业就等于是一个人或者一个团队去面对变化莫测的激烈竞争的市场，这需要创业者能够持续保持一种积极、沉稳的心态，也就是具有良好的心理品质。良好的心理品质有助于大学生创业者激发潜能、拓展潜能和实现潜能，进而帮助大学生取得创业成功。

创业之路，是充满艰险与曲折的。所以，如果大学生不具备良好的心理素质、坚忍的意志，一遇挫折就垂头丧气、一蹶不振，那么，在创业的道路上是走不远的。宋代大文豪苏轼说："古之成大事者，不唯有超世之才，亦必有坚韧不拔之志"。可见，高职院校大学生创业者必须具备良好的心理素质和顽强的创业斗志，才能在创业的道路上自强不息，竞争进取，顽强拼搏；才能从小到大，从无到有，闯出属于自己的一番事业。

3. 鲜明的创业个性

一个成功的大学生创业者，一般具有鲜明独特的个性品质，一是敢冒风险。创业的价值就在于创造出自己独特的东西，要敢于冒风险，敢于承担风险，敢于走前人和别人没有走过的路。敢冒风险是理智基础上的大胆决断，是自信前提下的果敢超越，是新目标面前的不断追求。二是执着追求。大学生创业者能百折不挠地把创业行动坚持到底，具有明确的创业目的能够进行果敢决断，用恒心和毅力全身心融进创业行动之中。三是独立自主。独立自主地解决各种困难和问题,不受各种外来因素的干扰。

4.竞争意识

竞争是市场经济最重要的特征之一,是企业赖以生存和发展的基础,也是实现企业优胜劣汰的重要法则。高职院校大学生创业者应做好充分参与市场竞争的准备。大学生创业者只有敢于竞争,善于竞争,才能取得成功。大学生创业者创业之初面临的是一个充满压力的市场,如果创业者缺乏竞争的心理准备,甚至害怕竞争,往往经不住市场经济的考验,也不可能把自己的企业做大做强。

(二)大学生基本的创业能力

创业能力是一种特殊的能力,这种特殊能力往往影响创业活动的效率和创业的成功。高职院校大学生的创业能力一般包括及时决策能力、经营管理能力、专业技术能力与交往协调能力。

1.及时决策能力

及时决策能力是指高职院校大学生创业者根据主客观条件,因时因地制宜,正确地确定创业的发展方向、目标、战略以及具体选择实施方案的能力。高职院校大学生创业者首先要从纷繁复杂的创业项目中进行分析比较,把握瞬息万变的创业机遇,结合自身专业和现实环境,选择最适合发挥自己特长与优势的创业方向和途径、方法。在创业过程中,能根据具体情况,甚至从创业失败中发现问题,分析原因,从而及时对创业进行反馈和调整。

2.经营管理能力

经营管理能力是指高职院校大学生创业者对企业人员、资金的管理能力。主要包含了人员和资金的选择、使用、组合和优化。经营管理能力是一种较高层次的综合能力。大学生创业者一旦确定了创业目标,就要组织实施,为了在激烈的市场竞争中取得优势,必须学会经营。首先要学会质量管理,要始终坚持质量第一的原则。其次,要学会效益管理,要求在创业活动中人、物、资金、场地、时间的使用,都要选择最佳方案运作。第三,要讲诚信。大学生创业者对向社会提供的产品和服务要具有敢于负责的精神。对大学生创业者来说,诚信乃立身之本,"言而无信,不知其可也。"

3.专业技术能力

专业技术能力是指高职院校大学生创业者运用专业知识进行专业生产的能力。专业技术能力的形成具有很强的实践性。虽然高职院校大学生生存性创业项目较多,但是大学生创业者要重视在创业过程中积累专业技术方面的实践经验。要善于学习,提高学习能力,认真分析、总结和归纳,不断增强专业能力,拓展专业领域。这样有助于推动大学生创业能力的提高。

4.交往协调能力

交往协调能力是指高职院校大学生能够妥善处理企业与公众(政府部门、新闻媒体、客户等)之间的关系,以及能够协调下属各部门成员之间关系的能力。大学生创业者应该认识到一个企业应具有良好的创业环境,协调好各种关系,尤其要争取政府主管部门、城管、工商以及税务部门的支持与理解。同时,要善于搞好内外团结,处理好人际关系。只有这样才能建立一个有利于自己创业的和谐氛围,为成功创业打好环境基础。

5.创新创业能力

创新是一个时代进步的灵魂。党的十八大报告指出:"加大创新创业人才培养支持力度,重视实用人才培养。"创新能力是创业能力素质的重要组成部分。高职院校大学生创业者首先要具备创造性思维、创造性想象、独立性思维和捕捉灵感的能力;其次,大学生创业者还应具备在创新活动中完成创新任务的具体工作能力。创新创业能力是一种综合能力,这要求大学生创业者具有广博的知识、扎实的基础、熟练的技能、丰富的实践、良好的心态。同时,大学生创业者还要具备创新意识、创造性思维和创造性想象能力。

> **活动设计**:请同学们谈谈自己今后是否有创业的打算? 如果有,结合自己目前实际情况,谈谈自己是否具备这些创业素质和创业能力,以及如何有针对性地提高创业素质和创业能力?

第二节　创业基本步骤

案例导入

　　每到周末,温州市科技职业学院内的"亲子农庄"就会迎来很多家长和小朋友。他们来到自己认购的菜园子里体验田间劳动的乐趣:收菜、锄草、浇水、施肥……

　　如果小朋友们没时间打理自己的菜园子也没关系,在实地耕种后,农田主人可以通过"亲子农庄"网站的视频实时观看作物的生长,不管是整片作物的长势,还是各片叶子有无虫害,都一目了然。在电脑上点击"浇水""施肥"等按钮后,菜园子里的农技人员就会得到指令,帮助农田主人打理这些农作物。这个现实版的"开心农场"是由温州科技职业学院经贸管理系和园林系师生共同开发的一个创业项目。"温州科技职业学院是一所以'农'字为特色的高职院校,拥有坚实的农业科研基础,指导学生进行农业技术类创业很有优势。"温州科技职业学院副院长谢志远说,大学生创业不是卖菜、摆地摊,我国大学生创业教育亟须转型升级,创业教育与专业教育相结合才是出路。

　　更为重要的是,学校搭建专业创业平台,让学生把专业知识运用到创业实践当中,成功实现自主创业。温州科技职业学院5个系都有与专业教育相对接的学生专业创业园。园林系有创意农业园,中小学生可以到大棚里面来进行 DIY,自己制作精美的小盆栽;信息系有大学生网商创业园;动科系有宠物医院,学生学习专业后,可以马上进行创业实践;农生系的现代农业创业园,已成功开发出 10 多个农业项目。有一位同学利用学院提供的技术,成功开发出新品种水果玉米,只要玉米一出地,就被市场一抢而光。后来,这个同学带动周围的农民一起种玉米,让农民切实得了实惠。目前,在现代农业创业园,已经孵化出农业小企业 6家、成立农业创业工作室 10 多个。

　　案例分析:温州科技职业学院为大学生创业搭建了较好的平台,同时大学生结合自己所学专业,学以致用,纷纷选择自己擅长的创业项目,避免了项目选择的盲目性,提高了创业成功率。那么,请同学们思考,作为不同类型的职业院校和不同专业的大学生来说,如何判断创业项目价值? 如何选择判断创业项目?

☞ **任务导出**

1. 了解创业的基本步骤,熟悉创业环境;
2. 懂得选择合适的项目,做好风险规避;
3. 掌握创业的资金统筹,搞好资金保障。

一、创业项目选择与决策

如何判断创业项目价值? 如何选择判断创业项目? 一个创业项目不能简单地从利润指标来评估它是否有价值,要从多个方面来分析,在我们来评估创业项目的价值之前,我们需要搞清楚为什么我们要对创业项目进行价值评估。由于现在创业项目很多,如果不选择一个好的创业项目,很难赚到钱,也很难长期地发展下去。在选择创业项目的时候,评估一下它的价值是很有必要的,可以降低投资失败的概率,提高创业成功的概率。图 3-12 所示为中国青少年网络协会对大学生创业的调查信息。

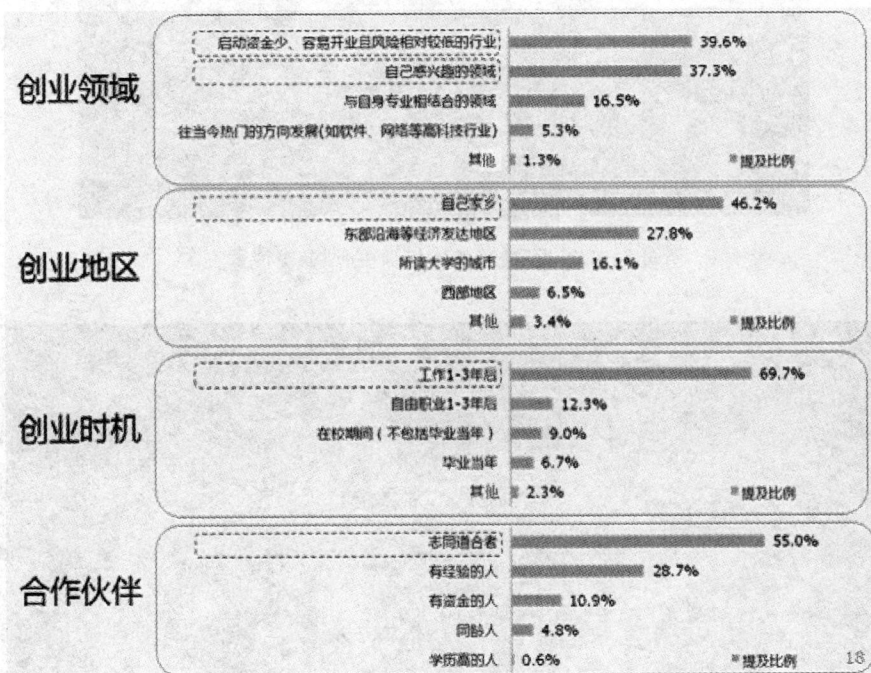

图 3-12 中国青少年网络协会调查资料

(一)要选择与所学专业相关的项目

有人认为创业就是教学生如何办企业,只要成功赚到钱就行,不一定要结合专业。事实是我国大学生创业的成功概率远低于发达国家,究其原因多是脱离专业而盲目创业。鉴于历史教训,我们呼吁创业教育一定要紧紧结合专业教育来开展;正确认识创业与专业的关系,能够客观审视创业教育的发展。俗话说"隔行如隔山",因此,应尽量选择与自己的专业、经验、兴趣、特长能挂得上钩的项目。高职院校大学生接受了专业教育,为创业教育打下坚实的基础。

知识链接

　　安徽工商职业学院2011届电脑艺术专业刘欢同学，通过自己所学的专业在大二期间创办了手绘工作室。他在大三时创办了"华之锋美术培训中心"，该项目在第五届安徽省职业生涯设计暨创业大赛的创业组比赛中获得"金奖"。目前，该项目运作正常，已经取得了较好的成绩。图3-13、图3-14所示为"华之锋美术培训中心"参赛图像资料。

图 3-13 "华之锋美术培训中心"参赛情景

图 3-14 "华之锋美术培训中心"项目参赛团队成员参加颁奖仪式

(二)要选择具有独特资源优势的项目

俗话说:靠山吃山,靠水吃水。创业者如果能慧眼独具,发掘自己身边特有的资源进行投资开发,往往容易成功。平遥古城的老百姓利用古代民居开发了不少古式客栈,生意红火。该县的兴隆客栈是一座建于明清时期的四合院,店老板王平,50岁出头,他原先是一家针织厂的工人,由于厂子不景气,便自谋出路。由于古城原有的旅游饭店不够用了,他便想到了在古城办客栈,利用古宅民风的特色吸引客人。他介绍说,这座宅院始建于1455年,有15套客房,可容纳30人住宿,宅院经装修后,自开业以来,生意兴隆。图3-15、图3-16所示为平遥古城与客栈景色。

图 3-15 平遥古城的客栈

图 3-16 平遥古城景观

(三)要选择有良好发展前景的项目

产品的市场支持力、市场容量及自身接受能力对创业者来讲至关重要,要多考察当地市场,看看所选项目是否在当地有需求及靠自己的能力是否可以进入市场等。五年前,有一位计算机专业大学生,他毕业后没有像其他同学那样托关系找门路进国家机关,而是开了一家计算机知识与应用培训班。由于会不会计算机对于求职很重要,因此,参加计算机培训班的人络绎不绝。

如何选择判断创业项目?针对某个特定消费群体,进行市场调研,从而选择目标市场非常明确的项目。

投其所好,乘"需"而入,推出新产品或服务项目,往往能领先一步占领市场。有一位女生,喜欢漂亮的小饰物,她想开一个可以自己动手做首饰的店,既可降低价格,又可完全按自己的心意制作。于是,她在最繁华的商业区找了一间仅 10 平方米的门面,室内装修追求朴实无华,贴近大众,同时又与众不同。太豪华的店会吓走一部分囊中羞涩的女孩,而装修从简,既节省了费用,又争取了顾客。目标群体是爱美的女子,年龄从 15~40 岁不等。这个年龄段的女子推崇时尚,都不愿模仿别人,她们的理念是不求华贵,但求个性。自己动手比到精品店买饰物成品要便宜得多,这对一部分尚无经济来源的少女很有吸引力。在选材上以水晶为主,它不仅仅美丽,而且具有药用价值。他们兼营其他天然宝石饰品,另外还有合成材料和银制品,全都用手工将饰珠串成耳环、项链、手链、足链等饰物。实践证明,这位女生的创业相当成功。

(四)要通过周密考察和科学取舍

在今天的信息时代,各种信息充斥每个角落,许多人都是根据信息来选择项目的。所以,我们对创业信息一定要重考察、善分析,运用"去粗取精、去伪存真、由此及彼、由表及里"的方法,一看创业信息发布者的公司信誉,同时向当地工商管理部门了解情况;二要看创业项目成熟度,是否可以立即投入运营;三要看创业项目目前在本区域的饱和度以及经营状况。

活动设计:请同学们了解身边的校友成功创业的实例,结合自身实际,谈谈自己的创业打算。

二、大学生初创业风险及其规避

(一)项目选择太盲目

目前,大学生创业的项目选择多集中在高科技领域和智力服务领域,如软件开发、网络服务、网页制作、家教中介、设计工作室等。此外,快餐、零售等连锁加盟店也是大学生青睐的创业项目。但是,大学生并不了解市场,如果缺乏前期的市场调研和论证,只是凭自己的兴趣和想象来决定投资方向,甚至仅凭一时心血来潮就决定干哪一行,一定会碰得头破血流。

建议:大学生创业者在创业初期一定要做好市场调研,也可委托专业机构进行可行性研究,在了解市场的基础上创业。一般来说,大学生创业者资金实力较弱,选择启动资金不多、人手配备要求不高的项目,从小本经营做起比较适宜。

(二)缺乏创业技能

很多大学生创业者眼高手低,既不了解创业的相关政策法规,也没有在相关企业的工作、实践经历,缺乏能力和经验,却对创业的期望值非常高。当创业计划转变为实际操作时,才发现自己根本不具备解决问题的能力,这样的创业无异于纸上谈兵。

建议:市场瞬息万变,时刻都有风险,但不会有人及时提醒你风险在哪里,防范风险只能靠自己增加本领。一方面,去企业打工或实习,积累相关的管理和营销经验;另一方面,积极参加创业培训,积累创业知识,接受专业指导,提高创业成功率。

(三)融资渠道单一

资金难筹几乎是每一个大学生创业者都会遇到的难题。银行贷款申请难、手续复杂,如果没有更广阔的融资渠道,创业计划只能是一纸空谈。

建议:广开渠道,除了银行贷款、自筹资金、民间借贷等传统方式外,还可以充分利用风险投资、创业基金等融资渠道。

(四)社会资源贫乏

由于长期身处校园,大学生掌握的社会资源非常有限,而企业创建、市场开拓、产品推介等工作都需要调动社会资源,大学生在这方面会感到非常吃力。

建议:平时多参加各种社会实践活动,扩大自己人际交往的范围。创业前,可以先到相关行业领域工作一段时间,通过这个平台,为自己日后的创业积累人脉。

(五)管理过于随意

由于长期接受应试教育,不熟悉经营"游戏规则",一些大学生创业者虽然在技术上出类拔萃,但理财、营销、沟通、管理方面的能力普遍不足。此外,一些人存在一定的性格缺陷,如自以为是、刚愎自用等,这些都会影响创业成功率。

建议:要想创业成功,大学生创业者必须技术、经营两手抓,制定科学规范的管理制度。可从合伙创业、家庭创业或低成本的虚拟店铺开始,锻炼创业能力,也可以聘用职业经理人负责企业的日常运作。

三、创业计划书的撰写

这里通过合佰惠商城的创立过程介绍创业计划书的撰写。

合佰惠商城是合肥市首家专注于办公室零食解决方案提供商,是合肥市办公室零食行业的开创者及领导者,专门解决上班族的零食问题。同时也是一家"网上休闲食品"商城,是一家把"美味零食"作为主打的电子商务网站。公司致力于成为安徽省最具影响力的"社区式"食品购物网站,成为一个受欢迎的、提供来自世界各地的、特色美味的、精致生活平台,实现生活购物一站式体验。该商城以超低价格、最好品质与最佳服务为市民创造更具有价值的生活方式,打造愉悦的网上购物体验。

(一)创业前

项目分析目录:①背景分析;②市场分析;③行业分析;④竞争对手定位策略分析。

1.电子商务发展背景分析

电子商务起源于美国。1995年美国网上书店亚马逊开业(Amazon.com),美国第一安全网络银行(First Security Bank.net)实现网上支付,可视为全球电子商务的起点。经过十几年的发展,而今的电子商务已经成为了炙手可热的行业。

随着社会的不断发展,追求商业贸易的"无纸化"成为所有贸易伙伴的共同需求;IT技术的发展也为电子商务的产生和发展奠定了坚实的技术基础。进入21世纪以来,电子商务已经深入到人们日常生活工作种的每一个角落,成为当代经济与社会生活中不可或缺的贸易方式。B2C的当当网、卓越网、淘宝网、阿里巴巴,C2C的易趣等都说明了电子商务已经成为了一种趋势,并且势不可挡。

2.合佰惠商城的市场分析

(1)主要针对人群:20～35岁年轻女性白领。

群体分析:接受过高等教育,综合素质水平高。收入水平较高,易于接受新生事物,同时对生活品质及物质精神追求较高。通常在快节奏的工作生活压力下,通过购买休闲零食调节压力已经成为了首选。

(2)次要针对人群:高校学生。

群体分析：皆为 20 世纪 80—90 年代出生，对新鲜事物较为敏感，并且乐于尝试。同时，高校学生消费能力不容小觑，特别是近几年，正在疯狂增长。零食对于高校女生来说也是生活中不可或缺的东西。

(3)合佰惠商城首个试点城市选在安徽合肥市的优势：

①"办公室零食"市场空缺，需求旺盛。

②合肥市白领消费能力持续提高，人们物质精神需求逐渐变强。

③写字楼相对比较集中，大部分皆在市区二环内，便于宣传，且很大地节约物流成本。

④城市相对较小、交通拥挤、出门购物不便，特别是在周末。

⑤产品原材料采购成本较于一线城市占较大优势。

3.休闲零食行业分析

(1)休闲食品行业发展趋势：

近几年，随着我国国民经济发展和居民消费水平的提高，人们的消费方式日益多元化、休闲化，休闲食品俨然已经成为国人日常食品消费中的新宠。

统计资料显示，2009 年我国休闲食品制造业创造工业产值 4 364.5 亿元，同比增长 27.5%；销售收入达到 4 304.0 亿元，同比增长 31.4%；实现利润 117.7 亿元，同比增长 52.9%。未来几年，我国休闲食品行业将迎来快速发展期。

中投顾问食品行业研究员周思然分析认为，随着我国经济水平的提高及旅游业的兴盛，我国休闲食品市场需求量呈持续增长势头，食品品种逐渐多样化。近几年，我国休闲食品市场每年需求额超过千亿元，市场规模正在以几何级的速度增长，消费市场也在快速增长，年增幅在 25% 左右。

数据显示，2009 年，我国休闲食品市场容量虽然已高达 400 亿元以上，但人均消费量仅为 23.6 克，远低于发达国家每年人均消费 3.2 千克的水平。随着我国经济水平的提高及人们消费水平、购买能力的不断提高，休闲食品市场仍将会以 20% 以上的速度增长，仅仅休闲食品企业注册一项就已高达 10 多万家，这些数据说明我国休闲食品企业在未来具有巨大的发展潜力和生存空间。图 3-17 所示为我国近年休闲食品市场的发展数据。

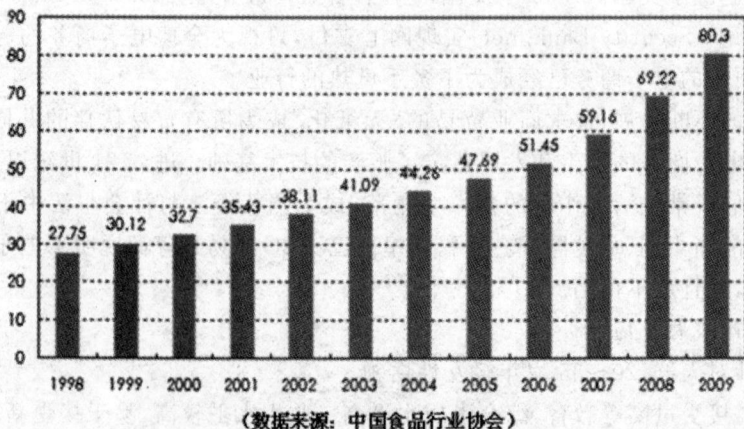

（数据来源：中国食品行业协会）

图 3-17　近些年来我国休闲食品市场发展数据

（2）休闲食品网购发展趋势分析：

虽然休闲食品市场日益红火，但是流通渠道单一。目前，休闲食品基本保持着三类销售渠道，即超市大卖场的集中销售、散装称重式销售、连锁加盟式销售。

第一，独立包装的休闲食品，主要以大卖场、超市和遍布大街小巷的便利店为主销渠道。随着高端消费的成型，像711、屈臣氏这些高端连锁便利店成为高端休闲食品的主力消费场所，甚至仅此便利店为销售渠道，小众营销。

第二，散装食品，主要是以店面为销售通路，如糕点、烘焙类（如稻香村、好利来等）等，多以连锁专卖店或超市专柜的形式进行散装形式销售，主要凭借店面品牌来带动产品销售。

第三，土特产类，多借助地方品牌的集群效应，以专卖店形式销售。主要包括豆制品、肉制品、海鲜、糖果、炒货等。这一类食品目前依然缺少强势产品品牌，主要借助于某一特产的地方品牌的集群效应提升销量。

未来几年，积极搭建新的营销平台，增强企业的自主营销意识，成为休闲食品产业对食品企业未来发展的新需求。为了尽可能降低成本，实现差异化分销产品，休闲食品企业应积极开拓创新，建立其适销对路的营销网络。

其中主要策略为电子商务突围。如今，80后成为休闲食品的主流消费群体。他们对电子商务的狂热，已经掀起了所有产业的电子商务狂潮。因此，休闲食品的电子商务潮流也将是势在必行的，休闲食品企业应该抓住这个潮流，加大对电子商务及团购网络的开发和利用力度，充分挖掘电子商务的市场空间，这将是休闲食品推广的一种全新渠道。

4. 合佰惠商城竞争对手分析

（1）主要竞争对手：合肥零食网，好味网。

竞争对手分析：合肥零食网与好味网虽然同为合肥本土零食购物网站，但两者皆为跟风之作，并没有核心的竞争理念，也没有寻找差异化的商业模式，所以很难在市场中确立明确的乐观的品牌形象。

（2）次要竞争对手：淘宝网、京东商城等一线电子商务巨头。

竞争对手分析：淘宝网是国内首家也是最优秀的网购平台，但是涉及地域及商品领域较广，与后起之秀京东商城等电子商务网站面临着同样的问题，首先就是大额的全国范围的广告推广，每年的费用上10亿人民币，开支巨大；其次，针对的皆是全国市场，多品牌入驻多产品同时运营，导致没有很好地细分市场，实现差异化商业模式。

（二）创业中

（1）合佰惠商城经2个月紧张筹备，于2011年10月20日正式在合肥上线。

（2）与合肥本土多家网站达成前期合作意向（如合肥论坛、合肥大学生论坛、合肥热线等）建立网站友情链接，并多方面深层次地对合佰惠商城进行宣传，广告推广。

（3）印制第一期宣传单页2万份，组织员工10余人，在上班时间白领集中地进行手递手单页投递宣传。

（4）与20多家食品经销商达成协议，成为合佰惠商城唯一指定供货商。

（5）建立完善的公司制度与组织架构，制定严谨的公司章程，合法并且完善地对公司运营进行管理。其组织架构如图3-18所示，部门设定及职责见表3-1。

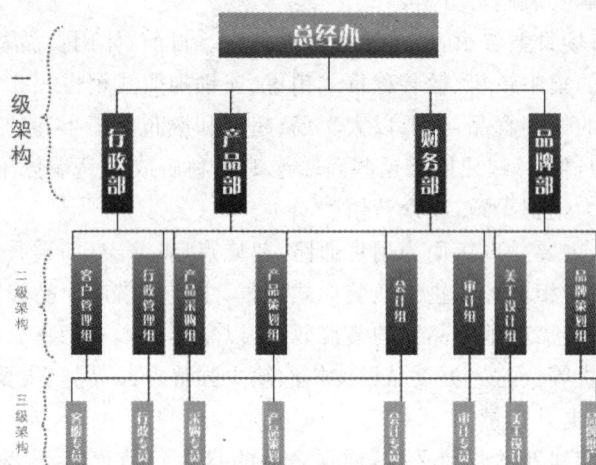

图 3-18 组织架构图

表 3-1 公司部门设定及职责

部门名称	部门职能
客户管理组	1.负责打印发货清单、快递单、安排发货、监督运输等； 2.负责接听订购电话，接待售后客户，处理纠纷、退换货、评价处理、客户答疑等； 3.负责老客户关系维护及二次开发，客户数据库建立、数据分析、决策支持等
行政管理组	1.负责公司内部及对外文字表单工作，办公室日常管理、运营管理等； 2.负责产品描述编辑，产品信息录入、产品上架等； 3.负责管理仓库，进货、打包发货、进销存管理等
产品采购组	1.产品的采购及供货渠道的筛选； 2.与供货商建立良好关系，优化采购渠道； 3.公司日常所需资产采购，优化价格差
产品策划组	1.分析市场与客户需求，策划出最具价值的产品方案； 2.根据公司定位及产品销售情况，对产品状态进行调整
美工设计组	1.负责产品图片美化和拍摄、网站装修与美化，市场营销工作的美工支持； 2.负责公司业务及运营所需的美工支持
品牌推广组	1.负责品牌宣传推广，网络软营销、广告、网站运营、网站促销方案等； 2.网站定位、人群划分等； 3.网站形象建立及积累； 4.推广方案的制订

(6)项目资金。现有资金：①合资（股份制），②获得投资（融资公司）；应急资金：①银行借贷，②投资方增资。

(7)项目现况：

①自20日上线并针对性地宣传推广后，合佰惠商城网站流量持续增长，日页面访问量

均在 10 000 个以上。

②网站注册会员达 620 个(数据统计截止时间为 2011 年 10 月 25 日),并且会员忠诚度高,访问深度大。

③截止 2011-10-25,共接受网上订单 433 单,共计营业额 17 320 元。日均 85 单,日均营业额 3 400 元。

(三)创业后

(1)正常运营:网站营业额+广告位收入+商家入驻加盟费用-(产品采购成本+公司运营成本+其他+合法税收)=总盈利。

(2)项目预算:2011 年 10 月—2012 年 10 月。

(3)支出:产品采购 400 000 元+固定资产采购 18 400 元+物流成本 150 000 元+公司场地租金 21 600+人员薪资 75 600(7 人×12 月)+宣传费用 33 000 元=698 600 元。

(4)收入:900 000 元。

(5)总盈利:201 400 元(不计税收)+(绝对性品牌优势+3 万网站会员)。

(6)项目远景:以绝对的品牌优势与大量网站会员资本拓展新的商业道路。结合本地化优势与合佰惠商城自身优点,深入开拓其他领域市场(如家居、数码家电、服饰等);同时,也将开拓生活便民服务(如水电煤气缴费,话费充值等),充分发挥本地化优势。

(7)感恩社会:合佰惠商城将积极参与社会公益建设,将品牌形象建设成商业+公益的复合型形象,为社会公益建立标杆。

活动设计:安徽工商职业学院 2012 届毕业生创办的合佰惠商城项目在较短的时间正式上线并投入运营,业务量在短期内取得快速发展,请同学们结合自己的创业项目来谈谈如何写好创业计划书。

(四)创业计划书的含义及作用

1.创业计划书的含义

创业计划书是以国际惯例通用的标准文本格式形成的项目建议书,是全面介绍公司和项目运作情况,阐述产品市场及竞争、风险等未来发展前景和融资要求的书面材料。

2.创业计划书的作用

(1)详细解释企业目标,为拥有、经营企业提供路线图、实现步骤、时间进度安排。

(2)向融资机构和投资者介绍商机,吸引投资。

(五)撰写创业计划书的准备

1.关注产品

在创业计划书中,应提供所有与企业的产品或服务有关的细节,包括企业所实施的所有调查。这些问题包括:产品正处于什么样的发展阶段? 它的独特性怎样? 企业分销产品的方法是什么? 谁会使用企业的产品,为什么? 产品的生产成本是多少,售价是多少? 企业发展新的现代化产品的计划是什么等,把风险投资者拉到企业的产品或服务中来,吸引风险投资者对产品的兴趣。

2.敢于竞争

在创业计划书中,应细致分析竞争对手的情况。竞争对手都是谁? 他们的产品是如何工作的? 竞争对手的产品与本企业的产品相比,有哪些相同点和不同点? 竞争对手所采用的营销策略是什么？要明确每个竞争者的销售额、毛利润、收入以及市场份额，然后再讨论本企业相对于每个竞争者所具有的竞争优势。要向风险投资者展示，顾客偏爱本企业的原因是：本企业的产品质量好，送货迅速，定位适中，价格合适等。创业计划书要使它的读者相信，本企业不仅是行业中的有力竞争者，而且将来还会是确定行业标准的领先者。在创业计划书中，企业家还应阐明竞争者给本企业带来的风险以及本企业所采取的对策。

3. 了解市场

创业计划书要给风险投资者提供企业对目标市场的深入分析和理解。要细致分析经济、地理、职业以及心理等因素对消费者选择购买本企业产品这一行为的影响，以及各个因素所起的作用。创业计划书中还应包括一个主要的营销计划，计划中应列出本企业打算开展广告、促销以及公共关系活动的地区，明确每一项活动的预算和收益。创业计划书中还应简述一下企业的销售战略：企业是使用外面的销售代表还是使用内部职员？企业是使用转卖商、分销商还是特许商？企业将提供何种类型的销售培训？此外，创业计划书还应特别关注一下销售中的细节问题。

4. 表明行动的方针

企业的行动计划应该是无懈可击的。创业计划书中应该明确下列问题：企业如何把产品推向市场？如何设计生产线？如何组装产品？企业生产需要哪些原料？企业拥有哪些生产资源，还需要什么生产资源？生产和设备的成本是多少？企业是买设备还是租设备？介绍与产品组装、储存以及发送有关的固定成本和变动成本的情况。

5. 展示你的管理队伍

把一个思想转化为一个成功的风险企业，其关键的因素就是要有一支强有力的管理队伍。这支队伍的成员必须有较高的专业技术知识、管理才能和多年工作经验，要给风险投资者以充分的信心。管理者的职能就是计划、组织、协调、控制和指挥公司实现目标的行动。在创业计划书中，应首先描述一下整个管理队伍及其职责，然而再分别介绍每位管理人员的特殊才能、特点和造诣，细致描述每个管理者将对公司所做的贡献。创业计划书中还应明确管理目标以及组织机构图。

6. 出色的计划摘要

创业计划书中的计划摘要也十分重要，必须能让读者有兴趣并渴望得到更多的信息，如果公司是一本书，它就像是这本书的封面，做得好就可以把风险投资者吸引住。要包括从计划中摘录出与筹集资金最相干的细节：对公司内部的基本情况，公司的能力以及局限性，公司的竞争对手，营销和财务战略，公司的管理队伍等情况的简明而生动的概括。

（六）创业计划书的内容

1. 计划摘要

计划摘要列在创业计划书的最前面，它是浓缩了的创业计划书的精华。计划摘要涵盖了计划的要点，以求一目了然，以便读者能在最短的时间内评审计划并做出判断。计划摘要一般包括以下内容：公司介绍；主要产品和业务范围；市场概貌；营销策略；销售计划；生产管理计划；管理者及其组织；财务计划；资金需求状况等。

在介绍企业时，首先要说明创办新企业的思路，新思想的形成过程以及企业的目标和发展战略。其次，要交代企业现状、过去的背景和企业的经营范围。在这一部分中，要对企业以往的情况做客观的评述，不回避失误。中肯的分析往往更能赢得信任，从而使人容易认同企业的创业计划书。最后,还要介绍一下风险企业家自己的背景、经历、经验和特长等。企业家的素质对企业的业绩往往起关键性的作用。在这里,企业家应尽量突出自己的优点并表示自己强烈的进取精神,以给风险投资者留下一个好印象。

在计划摘要中,企业还必须要回答下列问题:企业所处的行业,企业经营的性质和范围;企业主要产品的内容;企业的市场在哪里,谁是企业的顾客,他们有哪些需求;企业的合伙人、投资人是谁;企业的竞争对手是谁,竞争对手对企业的发展有何影响。

摘要要尽量简明、生动,切忌长篇大论。特别要详细说明自身企业的不同之处以及企业获取成功的市场因素。

2. 产品(服务)介绍

在进行投资项目评估时,风险投资者最关心的问题之一就是,风险企业的产品、技术或服务能否以及在多大程度上解决现实生活中的问题;或者,风险企业的产品(服务)能否帮助顾客节约开支,增加收入。因此,产品介绍是创业计划书中必不可少的一项内容。通常,产品介绍应包括以下内容:产品的概念、性能及特性;主要产品介绍;产品的市场竞争力;产品的研究和开发过程;发展新产品的计划和成本分析;产品的市场前景预测;产品的品牌和专利。

在产品(服务)介绍部分,要对产品(服务)作出详细的说明,说明要准确,也要通俗易懂,使不是专业人员的投资者也能明白。一般的,产品介绍都要附上产品、照片或其他介绍。产品介绍必须要回答以下问题:①顾客希望企业的产品能解决什么问题,顾客能从企业的产品中获得什么好处? ②企业的产品与竞争对手的产品相比有哪些优缺点,顾客为什么会选择本企业的产品? ③企业为自己的产品采取了何种保护措施,企业拥有哪些专利、许可证,或与已申请专利的厂家达成了哪些协议? ④为什么企业的产品定价可以使企业产生足够的利润,为什么用户会大批量地购买企业的产品? ⑤企业采用何种方式去改进产品的质量、性能,企业对发展新产品有哪些计划等。

产品(服务)介绍的内容比较具体,因而写起来相对容易。虽然夸赞自己的产品是推销所必需的,但应该注意,企业所做的每一项承诺都要努力去兑现。要牢记,企业家和投资家所建立的是一种长期合作的伙伴关系。空口许诺,只能得意于一时。如果企业不能兑现承诺,不能偿还债务,企业的信誉必然要受到极大的损害,因而是真正的企业家所不屑为的。

3. 人员及组织结构

高素质的管理人员和良好的组织结构是管理好企业的重要保证,也直接影响风险投资者对管理队伍的评估。

企业的管理人员应该是互补型的,而且要具有团队精神。一个企业必须要具备负责产品设计与开发、市场营销、生产作业管理、企业理财等方面的专门人才。在创业计划书中,必须要对主要管理人员加以阐明,介绍他们所具有的能力,他们在本企业中的职务和责任,他们过去的详细经历及背景。此外,在创业计划书的这部分中,还应对公司结构做一简要介绍,包括:公司的组织机构图;各部门的功能与责任;各部门的负责人及主要成员;公司的报酬体系;公司的股东名单,包括认股权、比例和特权;公司的董事会成员;各位董事的背景资料。

4. 市场预测

当企业要开发一种新产品或向新的市场拓展时,首先就要进行市场预测。如果预测的结果并不乐观,或者预测的可信度让人怀疑,那么投资者就要承担更大的风险,这对多数风险投资家来说都是不可接受的。

市场预测首先要对需求进行预测:市场是否存在对这种产品的需求?需求程度是否可以给企业带来所期望的利益?新的市场规模有多大?需求发展的未来趋向及其状态如何?影响需求都有哪些因素?其次,市场预测还要包括对市场竞争的情况——企业所面对的竞争格局进行分析:市场中主要的竞争者有哪些?是否存在有利于本企业产品的市场空档?本企业预计的市场占有率是多少?本企业进入市场会引起竞争者怎样的反应?这些反应对企业会有什么影响等。

在创业计划书中,市场预测应包括以下内容:市场现状综述;竞争厂商概览;目标顾客和目标市场;本企业产品的市场地位;市场区格和特征等。

风险企业对市场的预测应建立在严密、科学的市场调查基础上。风险企业所面对的市场,本来就有变幻不定、难以捉摸的特点。因此,风险企业应尽量扩大收集信息的范围,重视对环境的预测和采用科学的预测手段和方法。风险企业家应牢记的是,市场预测不是凭空想象出来的,对市场错误的认识是企业经营失败的最主要原因之一。

5. 营销策略

营销是企业经营中最富挑战性的环节,影响营销策略的主要因素有:①消费者的特点;②产品的特性;③企业自身的状况;④市场环境方面的因素。最终影响营销策略的则是营销成本和营销效益因素。

在创业计划书中,营销策略应包括以下内容:①市场机构和营销渠道的选择;②营销队伍和管理;③促销计划和广告策略;④价格决策。

对创业企业来说,由于产品和企业的知名度低,很难进入其他企业已经稳定的销售渠道中去。因此,企业不得不暂时采取高成本低效益的营销战略,如上门推销,大打商品广告,向批发商和零售商让利,或交给任何愿意经销的企业销售。对发展企业来说,它一方面可以利用原来的销售渠道,另一方面也可以开发新的销售渠道以适应企业的发展。

6. 制造计划

创业计划书中的生产制造计划应包括以下内容:产品制造和技术设备现状;新产品投产计划;技术提升和设备更新的要求;质量控制和质量改进计划。

在寻求资金的过程中,为了增大企业在投资前的评估价值,风险企业家应尽量使生产制造计划更加详细、可靠。一般来说,生产制造计划应回答以下问题:企业生产制造所需的厂房、设备情况如何;怎样保证新产品在进入规模生产时的稳定性和可靠性;设备的引进和安装情况,谁是供应商;生产线的设计与产品组装是怎样的;供货者的前置期和资源的需求量;生产周期标准的制定以及生产作业计划的编制;物料需求计划及其保证措施;质量控制的方法是怎样的;相关的其他问题。

7. 财务规划

财务规划需要花费较多的精力来做具体分析,其中就包括现金流量表,资产负债表以及损益表的制备。流动资金是企业的生命线,因此企业在初创或扩张时,对流动资金需要有预先周详的计划和进行过程中的严格控制;损益表反映的是企业的赢利状况,它是企业在一段时间运作后的经营结果;资产负债表则反映在某一时刻的企业状况,投资者可以用资产负债表中的数据得到的比率指标来衡量企业的经营状况以及可能的投资回报率。

财务规划一般要包括以下内容：创业计划书的条件假设；预计的资产负债表；预计的损益表；现金收支分析；资金的来源和使用。

可以这样说，一份创业计划书概括地提出了在筹资过程中风险企业家需做的事情，而财务规划则是对创业计划书的支持和说明。因此，一份好的财务规划对评估风险企业所需的资金数量，提高风险企业取得资金的可能性是十分关键的。如果财务规划准备得不好，会给投资者以企业管理人员缺乏经验的印象，降低风险企业的评估价值，同时也会增加企业的经营风险。那么，如何制订好财务规划呢？这首先取决于风险企业的远景规划，是为一个新市场创造一个新产品，还是进入一个财务信息较多的已有市场。

着眼于一项新技术或创新产品的创业企业不可能参考现有市场的数据、价格和营销方式。因此，它要自己预测所进入市场的成长速度和可能获得的纯利，并把它的设想、管理队伍和财务模型推销给投资者。而准备进入一个已有市场的风险企业则可以很容易地说明整个市场的规模和改进方式。风险企业可以在获得目标市场信息的基础上，对企业头一年的销售规模进行规划。

企业的财务规划应保证和创业计划书的假设相一致。事实上，财务规划和企业的生产计划、人力资源计划、营销计划等都是密不可分的。要完成财务规划，必须要明确下列问题：

（1）产品在每一个期间的发出量有多大？

（2）什么时候开始产品线扩张？

（3）每件产品的生产费用是多少？

（4）每件产品的定价是多少？

（5）使用什么分销渠道，所预期的成本和利润是多少？

（6）需要雇佣哪几种类型的人？

（7）雇佣何时开始，工资预算是多少……

（七）检查

在创业计划书写完之后，一定要再对计划书检查一遍，看一下该计划书是否能准确回答投资者的疑问，争取投资者对本企业的信心。通常，可以从以下几个方面对计划书加以检查：

（1）你的创业计划书是否显示出你具有管理公司的经验。如果你自己缺乏能力去管理公司，那么一定要明确地说明，你已经雇了一位经营大师来管理你的公司。

（2）你的创业计划书是否显示了你有能力偿还借款。要保证给预期的投资者提供一份完整的比率分析。

（3）你的创业计划书是否显示出你已进行过完整的市场分析。要让投资者坚信你在计划书中阐明的产品需求量是确实的。

（4）你的创业计划书是否容易被投资者所领会。创业计划书应该备有索引和目录，以便投资者可以较容易地查阅各个章节。此外，还应保证目录中的信息流是有逻辑的和现实的。

（5）你的创业计划书中是否有计划摘要并放在了最前面。计划摘要相当于公司创业计划书的封面，投资者首先会看它。为了引起投资者的兴趣，计划摘要应写得引人入胜。

（6）你的创业计划书是否在文法上全部正确。如果你不能保证，那么最好请人帮你检查一下。计划书的拼写错误和排印错误能很快就使企业家的机会丧失。

（7）你的创业计划书能否打消投资者对产品/服务的疑虑。如果需要，你可以准备一件产品模型。

　　创业计划书中的各个方面都会对筹资的成功与否有影响。因此,如果你对你的创业计划书缺乏成功的信心,那么最好去查阅一下计划书编写指南或向专门的顾问请教。

(八)创业计划书写作指南

　　(1)商业计划要重点突出、注重时效。每一份创业计划都应有自己独特的个性,要突出每一个创业项目的独特优势及竞争力。另外,要注意创业计划中所使用资料的时效,制订周期长的创业计划应及时更新有关资料依据。

　　(2)产品服务描述要使用专业化语言。财务分析要形象直观,尽可能地采用图表描述;战略、市场分析、营销策略、创业团队介绍要使用管理学术语,尽可能做到规范化、科学化。

　　(3)商业计划内容多,涉及面广,因此,要求创业小组分工完成,但应由组长统一协调定稿,以免出现创业计划零散、不连贯、文风相异等问题。

　　(4)商业计划要详略得当、突出优势,机密部分略为简化,以防泄密。

　　(5)明确创业计划书的要点。创业计划书应该清楚、简洁,展示市场调查和市场容量,确定顾客的需求并引导顾客,解释他们为什么会掏钱购买你的产品或服务,在头脑中要有一个投资推出的策略。解释为什么你最适合做这件事,请读者做出反馈。创业计划书需要避免的是:不应该过分乐观;拿出一些与产业标准相去甚远的数据;不应该仅面向产品;忽视竞争威胁;进入一个拥塞的市场;交一份不专业的商业计划;滥发计划等。

　　活动设计:请同学们结合自己将来打算的创业项目或者正在创业的项目,拟订一份翔实且有操作性的创业项目计划书。

第三节　企业登记流程

☞ 任务导出

　　1.了解大学生创办企业手续办理程序;
　　2.掌握安徽省大学生创业优惠政策。

一、大学生创办企业手续办理程序

(一)营业执照办理程序

　　1.申请开办有限公司的程序、时限

　　第一步:到市工商局及所在地工商局登记注册大厅领取登记表格;

　　第二步:向登记机关申请公司名称预先核准登记;

　　第三部:按预先核准的公司名称填写公司登记表格并提交验资报告、公司章程及场地证明,向登记机关递交申请。

　　登记材料齐全,符合法定形式的,登记机关在 5 个工作日内核发营业执照。

　　2.申请开办个体工商户的程序、时限

　　第一步:到经营所在地工商所领取个体工商户设立登记申请书,有名称字号的个体工商户应先进行名称预先核准登记;

第二步：填写个体登记申请书，并附带上经营场所证明、个体经营者身份证明，向工商所递交申请。

登记材料齐全，符合法定形式，3个工作日内核发营业执照。

二、税务登记证办理程序

(一)携带的资料

(1)《税务登记表》(一式三份)；

(2)营业执照或其他核准执业证件及复印件；

(3)企业纳税人须报送组织机构代码证书及复印件；

(4)法人代表(负责人)身份证、护照或者其他证明身份的核发证件及复印件；

(5)财务人员会计证与身份证及复印件；

(6)办税人员身份证及复印件；

(7)房产证或房屋租赁合同及房屋租赁发票及复印件；

(8)股份制、有限责任公司、合伙企业应提供企业章程、验资报告及复印件；

(9)税务机关要求提供的其他有关证件、资料。

(二)办理流程

(1)纳税人到主管税务机关办税服务厅税务登记窗口，领取并如实填写开业登记相关表格；

(2)纳税人持填写齐全的《税务登记表》和其他相关资料到主管税务机关办税服务厅税务登记窗口，交税务人员审核，审核合格后，核发税务登记证件。

资料齐全，符合办理地税开业登记规定的，及时办理完结。

知识链接

关于推进省级大学生创业孵化基地建设的意见

(皖人社秘〔2011〕277号)

各市、县(市、区)人力资源和社会保障局、财政局：

为深入贯彻国务院《关于进一步做好普通高等学校毕业生就业工作的通知》(国发〔2011〕16号)精神，进一步落实省委、省政府关于促进高校毕业生就业创业工作的政策措施，扶持建设一批省级大学生创业孵化基地，鼓励和扶持高校毕业生自主创业，以创业带动就业。现就推进省级大学生创业孵化基地(以下简称"孵化基地")建设，提出如下意见：

一、目标任务

在全省城镇就业创业园、农民工创业园继续向高校毕业生开放的基础上，用3年时间，扶持建成一批省级大学生创业孵化基地。其中，到2011年底，建成30家省级大学生创业孵化基地，2012年、2013年扶持建设目标另行确定。力争3年内，通过省级大学生创业孵化基地扶持高校毕业生自主创业2 000人以上，创业成功率达30%以上，带动就业10 000人以上。

二、基地建设

(一)建设原则。坚持"政府扶持、属地管理、部门指导、社会参与、市场化运作"原则。充分借助各类社会资源，鼓励社会各方以多种形式建设大学生创业孵化基地，各级政府及有关部门、高校、各市场经济实体组织均可投资建设大学生创业孵化基地。

（二）规范命名。各孵化基地名称一律采用"XXX（行政区划名或高校名称）大学生创业孵化基地"，也可在行政区划或高校名称后增加投资建设主体的字号。由省人力资源和社会保障厅会同省财政厅组织开展省级大学生创业孵化基地认定（认定办法见附件1）。对符合认定标准的，予以命名，加挂统一制作的"省级大学生创业孵化基地"标牌。2011年认定工作时间安排：9月底前各单位对照标准提出申请；10月中旬前市级初审，推荐上报；10月底前省级评审，予以认定。鼓励各市自行开展市级孵化基地认定和授牌。

（三）扶持政策。被认定为省级大学生创业孵化基地的，根据基地建设规模和入驻孵化实体情况，省财政从就业专项资金中分别给予一定的专项补助（具体标准见附件1），用于落实创业扶持政策和提高孵化基地服务水平。鼓励各地从创业扶持资金中安排大学生创业孵化基地资金，用于改善孵化基地条件，引导大学生创业孵化基地良性发展。

三、基地管理

（一）入驻条件

1.创业者须为毕业两年内并持有《就业失业登记证》的普通高校毕业生。

2.入驻创业实体须由高校毕业生（含团队）独立创办或占有50%以上股份，并负责主要经营管理。

3.创业项目须符合国家产业政策和当地产业发展导向，且有利于体现高校毕业生自身优势和创业特色，优先满足电子信息、科技创新、文化创意、动漫设计、服务代理、家装设计等科技类和现代服务类创业项目需求。

4.具备一定项目启动资金和承担创业风险的能力。

（二）入驻流程

1.提交申请。由自主创业的高校毕业生（含团队）提出申请，申请材料包括：入驻申请，创业计划书或创业项目可行性报告，以及创业者的身份证、毕业证（学历证明）、《就业失业登记证》等复印件。

2.专家评审。由基地创业服务中心组织专家对申请入驻孵化的企业或项目进行评审，确定入驻孵化资格。

3.入驻孵化。由孵化基地与符合入驻条件的高校毕业生（团队）签订入驻孵化协议（最长不超过3年），安排创业孵化场地，并协助其入驻开业。

（三）管理要求

孵化基地实行"谁建设谁管理"，即由投资建设主体负责孵化基地的日常管理，接受当地人力资源和社会保障部门所属创业指导机构的业务指导，按要求上报相关情况，协助落实创业扶持政策。具体要求如下：

1.成立服务机构。孵化基地要建立创业服务中心，设立专门服务场所，配备不少于2名熟悉创业扶持政策、工作责任意识强的专职工作人员。

2.健全相关制度。建立健全孵化基地管理制度，公布扶持政策内容和办理流程，公开承诺服务内容和办理时限，帮助创业者享受扶持政策。

3.完善基础工作。为入驻孵化创业实体（团队）制作统一标牌，建立创业实体（团队）、创业人员、享受创业扶持政策等各项基础台账和档案。

4.规范使用扶持资金。建立扶持资金使用专账，确保资金用于落实创业政策和提高孵化基地服务水平,接受上级业务主管部门、人社、财政、审计等部门的监督检查。

5.提供相关服务。为创业者提供政策咨询、工商税务登记代办、开业指导、创业交流等相关服务;加强与当地人力资源和社会保障部门所属创业指导机构的沟通与配合,协助开展项目推介、项目评价、风险评估、创业培训等工作;邀请创业辅导专家不定期为入驻创业高校毕业生提供针对性的咨询和指导,解决创业过程中遇到的各类问题。

6.引导创业实体(团队)规范管理。指导和督促入驻创业实体依法经营,与劳动者签订劳动合同并依法参加社会保险,落实安全责任制,保证产品质量和服务质量。

(四)退出机制

各孵化基地要建立有进有出的良性循环机制,规范孵化退出程序。

1.孵化期满迁出。依据入驻协议,入驻创业实体(团队)孵化期满应主动迁出孵化基地。各孵化基地创业服务中心要在协议孵化期满前3个月通知入驻创业实体(团队)做好迁出准备,并协助其迁出。

2.自愿提前迁出。在协议孵化期内,入驻创业实体(团队)自愿提前迁出孵化基地的,要提前1个月告知孵化基地,办结入驻期间相关事宜后办理迁出手续。

3.责令退出。入驻创业实体(团队)出现从事违法生产经营活动、严重或屡次违反孵化基地有关管理规定、入驻后3个月未能正常从事生产经营活动、入驻创业实体(团队)转让致使创业主体不符合入驻条件等情形之一的,由孵化基地创业服务中心责令其限期(最长不超过30日)退出孵化基地。

对孵化成功按期出园企业,按省财政厅、省人力资源和社会保障厅《关于进一步完善就业补助政策若干问题的通知》(财社〔2010〕1303号)规定给予补助。对超期入驻或不按期退出孵化基地的,将不再享受入驻孵化优惠政策,并按入驻孵化协议承担违约责任,必要时,采取法律手段督促其退出孵化基地。

四、创业扶持政策

入驻省级大学生创业孵化基地的创业实体(团队),可享受下列扶持政策:

1.自入驻之日起3年内,按规定免缴物管费、卫生费等管理性费用;场地费用实行"一免两减"(即第一年免收,后两年减半收取);水电费用给予40％补贴,实行先缴后补,补贴从缴纳的场地费用中支付。毕业2年以内的普通高校毕业生,凡从事个体经营(国家限制行业除外)的,自其在工商部门首次注册登记之日起3年内免收管理类、登记类和证照类等有关行政事业性收费。

2.根据《关于进一步加强组织起来就业补助资金使用管理的通知》(财社〔2008〕1114号)有关规定,对入驻孵化基地创业的高校毕业生给予2 000元/人的一次性补助;对创业实体吸纳安置登记失业人员就业并签订一年以上劳动合同、按时缴纳社会保险费的,给予1 500元/人的一次性补助。其中,对吸纳就业援助对象的,按2 000元/人给予一次性补助,并按规定在相应期限内给予创业实体相应的社保补贴。

3.由孵化基地创业服务中心提供免费工商注册、税务登记等代理服务,按规定享受工商注册资本金分期到位优惠政策。对符合条件的高校毕业生自主创业的,可在创业地按规定申请小额担保贷款;对从事微利项目的,可享受不超过10万元贷款额度的财政贴息扶持;对合伙经营和组织起来就业的,可根据人数和经营项目适当提高贷款额度,贷款最高额度一般掌握在50万元左右。

4.高校毕业生在毕业年度内从事个体经营并符合有关规定的,3年内按每户每年8 000元为限额依次扣减其当年实际应缴纳的营业税、城市维护建设税、教育附加和个人所得税。2011年1月1日至2011年12月31日,对高校毕业生创办的年应纳税所得额低于3万元(含3万元)的小型微利企业,其所得减按50%计入应纳税所得额,按20%的税率缴纳企业所得税。

5.高校毕业生创办实体企业(除特定行业外),在新增就业岗位中,当年新招用持《就业失业登记证》(注明"企业吸纳税收政策")人员,与其签订1年以上期限劳动合同并依法缴纳社会保险费的,在3年内按实际招用人数按每人每年4 800元的定额标准依次扣减营业税、城市维护建设税、教育费附加和企业所得税优惠。

6.入驻孵化基地创业的高校毕业生,参加创业培训和创业实训,按规定给予培训补贴;由创业孵化基地所在地县级以上公共就业人才服务机构按规定提供免费人事代理,协助办理户口落户和社会保险接续。入驻孵化的创业实体符合规定条件可认定为就业见习单位,分配见习指标给予适当倾斜。

上述各项扶持政策的条件、期限、标准,国家有专门规定或最新调整的,按其规定执行。鼓励各地设立创业扶持资金,给予入驻基地创业孵化的高校毕业生适当的无偿资助,对创业成功的高校毕业生给予一次性奖励。

五、加强组织领导

各地各有关部门要高度重视大学生创业孵化基地建设,认真贯彻以创业带动就业的决策部署,结合推进创业型城市创建,加大对孵化基地的扶持力度。各级人力资源和社会保障部门要积极争取地方政府支持,加大对大学生创业孵化基地建设的扶持力度,明确所属创业指导机构的帮扶职责,指导各孵化基地提高管理水平,将各项创业扶持服务延伸到孵化基地,协调落实各项扶持政策。各级财政部门要为落实各项扶持政策提供资金保障,做好资金拨付和使用监督。各创业孵化基地建设单位要加大投入,不断完善孵化功能,规范孵化基地管理,提高创业扶持服务水平。

建立季报工作制度,各孵化基地于季后5日内向所在地市级人力资源和社会保障部门报送省级大学生创业孵化基地情况表(附件3),省就业办将定期通报各孵化基地的扶持政策落实情况和创业孵化成效。定期开展年度考核,对不达标的孵化基地,报请省就业领导小组取消命名和授牌,对机构健全、管理有效、发展态势良好的孵化基地和优秀的创业者予以表彰,着力营造有利于高校毕业生自主创业的良好氛围。

2011年8月19日

知识链接

(1)《高校毕业生自主创业证》正面样式,查询网址:http://cy.ncss.org.cn(教育部大学生创业服务网)。

(2)《高校毕业生自主创业证》背面样式如下:

使用说明	备　注
1.高校毕业生持本证向创业地人力资源和社会保障部门提出认定申请,由创业地人力资源和社会保障部门相应核发《就业失业登记证》,作为当年及后续年度享受税收扶持政策的管理凭证 2.高校毕业生持《就业失业登记证》(附着本证)从事个体经营,可向当地税务机关申请税收优惠政策。申请程序和需提供的材料,按照国税发〔2006〕8号第三条执行 3.对持《就业失业登记证》(附着本证)人员从事个体经营(除建筑业、娱乐业以及销售不动产、转让土地使用权、广告业、房屋中介、桑拿、按摩、网吧、氧吧外)的,在3年内按每户每年8 000元为限额依次扣减其当年实际应缴纳的营业税、城市维护建设税、教育费附加和个人所得税 4.此证应妥善保管,不得转借、转让、涂改。若遗失或损毁应及时到发证机构补发、换发	

知识链接

《高校毕业生自主创业证》申领流程，如下图所示。

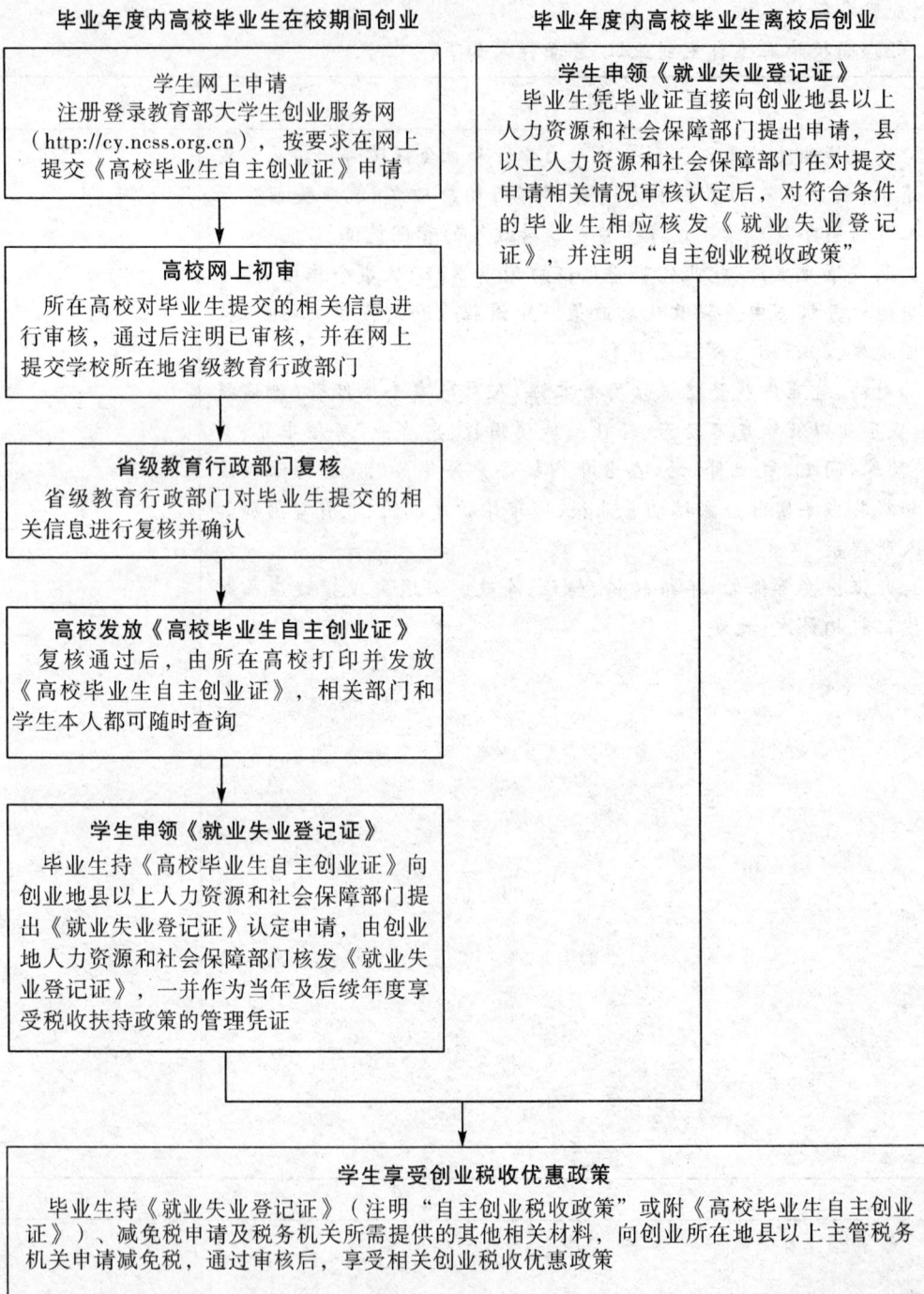

毕业年度内高校毕业生在校期间创业　　　　毕业年度内高校毕业生离校后创业

学生网上申请	学生申领《就业失业登记证》
注册登录教育部大学生创业服务网（http://cy.ncss.org.cn），按要求在网上提交《高校毕业生自主创业证》申请	毕业生凭毕业证直接向创业地县以上人力资源和社会保障部门提出申请，县以上人力资源和社会保障部门在对提交申请相关情况审核认定后，对符合条件的毕业生相应核发《就业失业登记证》，并注明"自主创业税收政策"

高校网上初审
所在高校对毕业生提交的相关信息进行审核，通过后注明已审核，并在网上提交学校所在地省级教育行政部门

省级教育行政部门复核
省级教育行政部门对毕业生提交的相关信息进行复核并确认

高校发放《高校毕业生自主创业证》
复核通过后，由所在高校打印并发放《高校毕业生自主创业证》，相关部门和学生本人都可随时查询

学生申领《就业失业登记证》
毕业生持《高校毕业生自主创业证》向创业地县以上人力资源和社会保障部门提出《就业失业登记证》认定申请，由创业地人力资源和社会保障部门核发《就业失业登记证》，一并作为当年及后续年度享受税收扶持政策的管理凭证

学生享受创业税收优惠政策
毕业生持《就业失业登记证》（注明"自主创业税收政策"或附《高校毕业生自主创业证》）、减免税申请及税务机关所需提供的其他相关材料，向创业所在地县以上主管税务机关申请减免税，通过审核后，享受相关创业税收优惠政策

知识链接

我能够创业吗？——成功创业者的心理与行为特征

强烈的欲望，积极的心态；

充分的自信，敢于冒险；

坚韧的毅力，足够的耐心；

开阔的眼界、敏锐的反应；

把握趋势，明确方向；

善借资源，懂得分享；

坚持学习，经常反省；

勇于创新，出奇制胜；

健康的体魄，健全的心理。

知识链接

国内外创业精英风范

1. 全球第一女性 CEO——卡莉·费奥莉娜

卡莉用事实告诉人们，女强人也可以有天使般姣好的面容和温文尔雅的个性。她也同时告诉人们："我首先是个管理者，然后才是个女人。"这个漂亮的女人最大的爱好是：选择自己喜欢的生活。这位"惠普女王"的最大能力是：将自己的想法变成令人惊讶、令人叹服的行动。

2. 华人首富——李嘉诚

李嘉诚是中国香港的大企业家，美国的《财富》杂志曾公布：在全世界 98 位亿万富翁中，拥有 25 亿美元资产的李嘉诚，名列第 26 位；美国《富布斯》杂志则宣称他是最富有的华人。

李嘉诚由一名店铺学徒登上华人首富宝座，绝非一朝一夕、一蹴而就的运气。他成功的秘诀是：勤学苦练、勇于拼搏；以诚相交、信誉为本；目光远大，稳健发展；人才至上，集思广益；抓住机遇，全力投入。

3. 海尔集团首席执行官——张瑞敏

在中国企业界，张瑞敏无疑是最成功的企业家之一。海尔在他提出的"名牌战略"思想指导下，紧紧抓住中国改革开放的有利时机，不断创新，不断进取，通过技术开发、精细化管理、资本运营、兼并控股、国际化等手段，使一个昔日亏损 147 万元的街道小厂变成今日年销售额超过 400 亿元、跨地区、跨行业、跨所有制和跨国经营的中国家电企业的龙头。在中国企业界，张瑞敏是最成功的企业家之一。

下一个会是你吗？

📚 思考与训练

1.请结合自己创业准备并对照自身的特点、爱好、能力,将自身所具备的创业素质进行总结,对自身创业的优势、劣势进行分析。

2.如何根据自身的特点选择创业方向和创业项目？

3.结合自己的创业想法和创业项目,拟定一份翔实的创业计划书。

第四模块　就业创业服务篇

☞ **学习任务**

1. 了解求职时需要的各项材料的作用,掌握准备这些材料的方法;

2. 了解找到工作后需要的各项证明材料的作用,掌握落实这些材料的方法;

3. 了解派遣报到证的作用,掌握派遣、改派、补派的流程和所需材料;

4. 了解《大学生自主创业证》的作用和使用《大学生自主创业证》时的相关规定,掌握申请和使用《大学生自主创业证》的程序和方法;

5. 了解中华人民共和国劳动法中对企业、劳动者的要求和保障;

6. 了解签订劳动合同的要素和注意事项;

7. 了解国家促进普通高校毕业生就业政策;

8. 了解国家鼓励普通高校毕业生自主创业政策;

9. 了解普通高等学校应届毕业生预征、应征入伍的规定;

10. 了解国家选聘大学生村官的政策;

11. 了解自主创业大学生办理营业执照和贷款的规定,掌握办理流程和方法。

一、就业材料及毕业生派遣

(一)就业需要准备的材料

1. 个人简历

个人简历是毕业生向用人单位全面介绍自己个人情况的材料,内容一般包括个人的性别年龄、身体状况、政治面貌、主修课程、获得的证书和奖励、爱好特长等信息。个人简历所列各项信息要真实客观,不能夸大编造,证书和奖励要附有原始材料的复印件。

2. 求职信

求职信是求职者写给用人单位的信,目的是让对方了解自己、相信自己、录用自己,它是一种私人对公并有求于公的信函。求职信的格式有一定的要求,内容要求简练、明确,切忌模糊、笼统、面面俱到。

3. 毕业生推荐表

毕业生推荐表是毕业生培养学校向用人单位推荐毕业生的材料,内容经过学校的严格审核,盖有学校公章。相比于个人简历,推荐表所反映的毕业生信息更具有可信度和权威性。毕业生推荐表每个毕业生只有一份,毕业生可以复印使用,求职时可以提供原件给用人单位审核,但只能给用人单位复印件留存。

4. 就业协议书

就业协议书是教育主管部门制作的格式化文书,学校、毕业生、用人单位三方共同签署后生效。它具有一定的广泛性和权威性,是学校制订派遣方案、用人单位申请用人指标的主要依据,对签约的三方都有约束力。先由毕业生在协议书上签署意见后交用人单位,由用人单位签署意见后再交给学校,学校签字后协议书生效。需要特别提醒的是,就业协议书上采集的培养学校、毕业生个人、用人单位三方信息是毕业生派遣的依据,任何一方的信息填写不全都会被认定为隐瞒信息,视为无效协议。

(二)就业后需要提供的就业证明材料

毕业生毕业后的去向有以下几种:就业、升学留学、入伍、公务员和大学生村官、自主创业、待就业。相应的就业证明材料包括:就业协议书或用人单位接收函、录取通知书、入伍通知书、公务员和大学生村官录用通知书、大学生自主创业证和营业执照等。毕业生应该在就业后立刻将就业证明材料提交培养学校,毕业生派遣报到工作一般安排在每年的6月下旬到7月上旬,提交就业证明材料的最后期限是每年6月中旬,学校将审核这些证明材料并据此编制派遣方案。

(三)毕业生派遣

1.派遣程序

毕业生培养学校审核毕业生提供的就业证明材料,并据此编制派遣方案报省级教育主管部门审核通过后,由省级教育主管部门核发报到证,学生执报到证到学校办理档案转移和户口迁移。国家机关、事业单位、国有企业一般都有人事接收权,与以上性质的单位签订就业协议书的毕业生可以直接派遣到此单位报到,档案和户口也随之迁往该单位。到不具有人事接收权的单位就业的毕业生,将被派遣到生源地报到,档案和户口也随之迁往生源地。毕业生如果在不具有人事接收权的单位就业,想将档案户口保存在实际就业地而不想迁往生源地,可以在当地人才市场人事托管,由人才市场作为接收单位和毕业生签订就业协议书,毕业生将被派遣到该人才市场报到,档案和户口也随之迁往该人才市场。

2.改派程序

(1)审批条件:调整改派期限原则上为两年(从毕业之日起),特殊情况可放宽到3年。此外,还需满足下列条件之一:

①取得我省普通高校毕业证书的高校毕业生;

②在省内首次落实就业单位的;

③在外省落实就业单位并可迁移户口的;

④报到地址因区划调整与原址不符的;

⑤与原单位解除劳务关系,暂未落实就业单位,原籍的人事部门或教育部门同意接收的;

⑥与原单位解除劳务关系后,落实新的就业单位的。

(2)材料目录:

①毕业生《就业报到证》;

②《安徽省大中专毕业生调整改派申报表》;

③就业协议书(推荐使用《安徽省普通高等学校毕业生就业协议书》)或用人单位接收函;

④与原就业单位解除就业协议函;

⑤本人身份证件。

(3)办理程序:

第一步:毕业生到所在高校就业指导部门或省政务中心教育厅窗口领取《安徽省大中专

毕业生调整改派申报表》；

第二步：到原派单位（原《就业报到证》开具单位）签署"同意调整改派"的意见（派遣时未落实单位的毕业生，原派单位可免签意见）。如企业注销，则由当地工商部门出具注销证明；如企业更名，则由当地工商部门出具更名证明并由更名后的单位签署"同意调整改派"的意见；

第三步：到新接收单位签署意见或附就业协议书；

第四步：到上级主管部门签署意见或附就业协议书，此步骤办理主要分以下四种情况：

①被中央驻皖单位、省直单位录用的，到所在单位人事部门签署意见；

②被市、县隶属单位录用的，到用人单位及市、县毕业生调配部门签署意见；

③被省外单位录用的，比照①、②条；

④被企事业单位聘用，用人单位无人事代理权的，人事档案要委托就业单位所在地人才服务机构进行人事代理，并由其签署意见。

第五步：毕业生持《安徽省大中专毕业生调整证改派申报表》《就业报到证》、就业协议书或接收单位证明、身份证办理新《就业报到证》；

改派完成后毕业生持新《就业报到证》办理档案和户口转移手续，到用人单位报到。

3. 补派程序

(1)审批条件：补派期限原则上为两年（从毕业之日起），特殊情况可放宽到三年。此外，还需满足下列条件之一：

①取得我省普通高校毕业证书的毕业生；

②原《就业报到证》遗失；

③放弃升学申请就业派遣；

④支援西部服务期满。

(2)材料目录：

①《安徽省大中专毕业生补办就业报到证申报表》；

②刊登遗失声明的报纸；

③就业协议书（推荐使用《安徽省普通高等学校毕业生就业协议书》）或用人单位接收函；

④《录取通知书》；

⑤学校开具的相关说明；

⑥毕业证书。

(3)办理程序：

情形一：遗失报到证补办。

①毕业生到学校就业部门或省政务中心教育厅窗口（凭毕业证书原件）查询信息：包括毕业学校、专业、届别、姓名、性别及报到证号码[皖教（×××）毕字第×××××××××号]等；

②在省级报纸刊登遗失声明；

③领取、填写《安徽省大中专毕业生补办就业报到证申报表》；

④毕业生持《安徽省大中专毕业生补办就业报到证申报表》、刊登遗失声明的报纸、毕业证书办理新的《就业报到证》。

情形二:放弃升学申请就业派遣。

①本人提交放弃升学而要求派遣的书面《申请》,原毕业学校就业部门签署意见,现录取学校招生部门签署意见;

②提交《录取通知书》原件;

③领取、填写《安徽省大中专毕业生补办就业报到证申报表》;

④已落实就业单位的,凭就业协议书派遣;未落实就业单位的,派回生源所在地;

⑤毕业生持《安徽省大中专毕业生补办就业报到证申报表》、书面《申请》、《录取通知书》、就业协议书或接收单位证明、毕业证书办理新的《就业报到证》。

情形三:支援西部服务期满申请派遣。

①原毕业学校就业部门出具相关文书证明;

②领取、填写《安徽省大中专毕业生补办就业报到证申报表》;

③毕业生持《安徽省大中专毕业生补办就业报到证申报表》、毕业院校开具的相关书面说明、就业协议书或接收单位证明、毕业证书办理新的《就业报到证》。

毕业生持新《就业报到证》办理档案和户口转移手续,到用人单位报到。

(四)《高校毕业生自主创业证》

1. 发放对象

《高校毕业生自主创业证》发放对象是毕业年度内在校期间创业的高校毕业生。其中,高校毕业生是指实施高等学历教育的普通高等学校、成人高等学校毕业的学生;毕业年度是指毕业所在自然年,即1月1日至12月31日。

2. 办理流程

毕业年度内的高校毕业生按要求在网上提交《高校毕业生自主创业证》申请,所在高校对毕业生提交的相关信息进行审核,通过后注明已审核,并在网上提交学校所在地省级教育行政部门,需要3~5个工作日。省级教育行政部门对毕业生提交的相关信息进行复核,需要3~5个工作日,复核通过后打印《高校毕业生自主创业证》并下发到高校,毕业生到所在学校进行领取。

3. 证书使用

持《高校毕业生自主创业证》的毕业生可直接向创业地县以上人力资源和社会保障部门提出《就业失业登记证》认定申请,县以上人力资源和社会保障部门在对提交申请相关情况审核认定后,核发《就业失业登记证》,作为当年及后续年度享受税收扶持政策的管理凭证。

毕业生持《就业失业登记证》《高校毕业生自主创业证》、减免税申请及税务机关所需提供的其他相关材料,向创业所在地县以上主管税务机关申请减免税,通过审核后,享受创业税费减免优惠政策。

持《就业失业登记证》(附着《高校毕业生自主创业证》)人员从事个体经营(除建筑业、娱乐业以及销售不动产、转让土地使用权、广告业、房屋中介、桑拿、按摩、网吧、氧吧外)的,在三年内按每户每年8 000元为限额依次扣减其当年实际应缴纳的营业税、城市维护建设税、教育费附加和个人所得税。

纳税人年度应缴纳税款小于上述扣减限额的,以其实际缴纳的税款为限;大于上述扣减限额的,应以上述扣减限额为限。

二、就业创业的相关政策和法规

《中华人民共和国劳动法》

第一章　总则

第一条　为了保护劳动者的合法权益,调整劳动关系,建立和维护适应社会主义市场经济的劳动制度,促进经济发展和社会进步,根据宪法,制定本法。

第二条　在中华人民共和国境内的企业、个体经济组织(以下统称用人单位)和与之形成劳动关系的劳动者,适用本法。

第三条　劳动者享有平等就业和选择职业的权利、取得劳动报酬的权利、休息休假的权利、获得劳动安全卫生保护的权利、接受职业技能培训的权利、享受社会保险和福利的权利、提请劳动争议处理的权利以及法律规定的其他劳动权利。

劳动者应当完成劳动任务,提高职业技能,执行劳动安全卫生规程,遵守劳动纪律和职业道德。

第四条　用人单位应当依法建立和完善规章制度,保障劳动者享有劳动权利和履行劳动义务。

第五条　国家采取各种措施,促进劳动就业,发展职业教育,制定劳动标准,调节社会收入,完善社会保险,协调劳动关系,逐步提高劳动者的生活水平。

第六条　国家提倡劳动者参加社会主义义务劳动,开展劳动竞赛和合理化建议活动,鼓励和保护劳动者进行科学研究、技术革新和发明创造,表彰和奖励劳动模范和先进工作者。

第七条　劳动者有权依法参加和组织工会。

工会代表和维护劳动者的合法权益,依法独立自主地开展活动。

第八条　劳动者依照法律规定,通过职工大会、职工代表大会或者其他形式,参与民主管理或者就保护劳动合法权益与用人单位进行平等协商。

第九条　国务院劳动行政部门主管全国劳动工作。

县级以上地方人民政府劳动行政部门主管本行政区域内的劳动工作。

第二章　促进就业

第十条　国家通过促进经济和社会发展,创造就业条件,扩大就业机会。

国家鼓励企业、事业组织、社会团体在法律、行政法规规定的范围内兴办产业或者拓展经营,增加就业。

国家支持劳动者自愿组织起来就业和从事个体经营实现就业。

第十一条　地方各级人民政府应当采取措施,发展多种类型的职业介绍机构,提供就业服务。

第十二条　劳动者就业,不因民族、种族、性别、宗教信仰不同而受歧视。

第十三条　妇女享有与男子平等的就业权利。在录用职工时,除国家规定的不适合妇女的工种或者岗位外,不得以性别为由拒绝录用妇女或者提高对妇女的录用标准。

第十四条　残疾人、少数民族人员、退出现役的军人的就业,法律、法规有特别规定的,从其规定。

第十五条　禁止用人单位招用未满16岁的未成年人,必须依照国家有关规定,履行审批手续,并保障其接受义务教育的权利。

第三章 劳动合同和集体合同

第十六条 劳动合同是劳动者与用人单位确立劳动关系、明确双方权利和义务的协议。建立劳动关系应当订立劳动合同。

第十七条 订立和变更劳动合同,应当遵循平等自愿、协商一致的原则,不得违反法律、行政法规的规定。

劳动合同依法订立即具有法律约束力,当事人必须履行劳动合同规定的义务。

第十八条 下列劳动合同无效:

(一)违反法律、行政法规的劳动合同;

(二)采取欺诈、威胁等手段订立的劳动合同。

无效的劳动合同,从订立的时候起,就没有法律约束力。确认劳动合同部分无效的,如果不影响其余部分的效力,其余部分仍然有效。

劳动合同的无效,由劳动争议仲裁委员会或者人民法院确认。

第十九条 劳动合同应当以书面形式订立,并具备以下条款:

(一)劳动合同期限;

(二)工作内容;

(三)劳动保护和劳动条件;

(四)劳动报酬;

(五)劳动纪律;

(六)劳动合同终止的条件;

(七)违反劳动合同的责任。

劳动合同除前款规定的必备条款外,当事人可以协商约定其他内容。

第二十条 劳动合同的期限分为有固定期限、无固定期限和以完成一定的工作为期限。

劳动者在同一用人单位连续工作满10年以上,当事人双方同意续延劳动合同的,如果劳动者提出订立无固定限期的劳动合同,应当订立无固定限期的劳动合同。

第二十一条 劳动合同可以约定试用期。试用期最长不得超过6个月。

第二十二条 劳动合同当事人可以在劳动合同中约定保守用人单位商业秘密的有关事项。

第二十三条 劳动合同期满或者当事人约定的劳动合同终止条件出现,劳动合同即行终止。

第二十四条 经劳动合同当事人协商一致,劳动合同可以解除。

第二十五条 劳动者有下列情形之一的,用人单位可以解除劳动合同:

(一)在试用期间被证明不符合录用条件的;

(二)严重违反劳动纪律或者用人单位规章制度的;

(三)严重失职、营私舞弊,对用人单位利益造成造成重大损害的;

(四)被依法追究刑事责任的。

第二十六条 有下列情形之一的,用人单位可以解除劳动合同,但是应当提前30日以书面形式通知劳动者本人:

(一)劳动者患病或者非因工负伤,医疗期满后,不能从事原工作也不能从事由用人单位另行安排的工作的;

（二）劳动者不能胜任工作，经过培训或者调整工作岗位，仍不能胜任工作的；

（三）劳动合同订立时所依据的客观情况发生重大变化，致使原劳动合同无法履行，经当事人协商不能就变更劳动合同达成协议的。

第二十七条　用人单位濒临破产进行法定整顿期间或者生产经营状况发生严重困难，确需裁减人员的，应当提前 30 日向工会或者全体员工说明情况，听取工会或者职工的意见，经向劳动行政部门报告后，可以裁减人员。

用人单位依据本条规定裁减人员，在 6 个月内录用人员的，应当优先录用被裁减人员。

第二十八条　用人单位依据本法第二十四条、第二十六条、第二十七条的规定解除劳动合同的，应当依照国家有关规定给予经济补偿。

第二十九条　劳动者有下列情形之一的，用人单位不得依据本法第二十六条、第二十七条的规定解除劳动合同：

（一）患职业病或者因工负伤并被确认丧失或者部分丧失劳动能力的；

（二）患病或者负伤，在规定的医疗期内的；

（三）女职工在孕期、产期、哺乳期的；

（四）法律、行政法规规定的其他情形。

第三十条　用人单位解除劳动合同，工会认为不适当的，有权提出意见。如果用人单位违反法律、法规或者劳动合同，工会有权要求重新处理；劳动者申请仲裁或者提起诉讼的，工会应当依法给予支持和帮助。

第三十一条　劳动者解除劳动合同，应当提前三十日以书面形式通知用人单位。

第三十二条　有下列情形之一的，劳动者可以随时通知用人单位解除劳动合同：

（一）在试用期内的；

（二）用人单位以暴力、威胁或者非法限制人身自由的手段强迫劳动的；

（三）用人单位未按照劳动合同约定支付劳动报酬或者提供劳动条件的。

第三十三条　企业职工一方与企业可以就劳动报酬、工作时间、休息休假、劳动安全卫生、保险福利等事项，签订集体合同。集体合同草案应当提交职工代表大会或者全体职工讨论通过。

集体合同由工会代表职工与企业签订；没有建立工会的企业，又职工推举的代表与企业签订。

第三十四条　集体合同签订后应当报送劳动行政部门；劳动行政部门自收到集体合同文本之日起 15 日内未提出异议的，集体合同即行生效。

第三十五条　依法签订的集体合同对企业和企业全体职工具有约束力。职工个人与企业订立的劳动合同中劳动条件和劳动报酬等标准不得低于集体合同的规定。

第四章　工作时间和休息休假

第三十六条　国家实行劳动者每日工作时间不超过 8 小时、平均每周工作时间不超过 44 小时的工时制度。

第三十七条　对实行计件工作的劳动者，用人单位应当根据本法第三十六条规定的工时制度合理确定其劳动定额和计件报酬标准。

第三十八条　用人单位应当保证劳动者每周至少休息 1 日。

第三十九条　企业应生产特点不能实行本法第三十六条、第三十八条规定的，经劳动行政部门批准,可以实行其他工作和休息办法。

第四十条　用人单位在下列节日期间应当依法安排劳动者休假:

(一)元旦;

(二)春节;

(三)国际劳动节;

(四)国庆节;

(五)法律、法规规定的其他休假节日。

第四十一条　用人单位由于生产经营需要,经与工会和劳动者协商后可以延长工作时间,一般每日不得超过 1 小时;因特殊原因需要延长工作时间的在保障劳动者身体健康的条件下延长工作时间每日不得超过 3 小时,但是每月不得超过 36 小时。

第四十二条　有下列情形之一的,延长工作时间不受本法第四十一条规定的限制:

(一)发生自然灾害、事故或者因其他原因,威胁劳动者生命健康和财产安全,需要紧急处理的;

(二)生产设备、交通运输线路、公共设施发生故障,影响生产和公众利益,必须及时抢修的;

(三)法律、行政法规规定的其他情形。

第四十三条　用人单位不得违反本法规定延长劳动者的工作时间。

第四十四条　有下列情形之一的,用人单位应当按照下列标准支付高于劳动者正常工作时间工资的工资报酬:

(一)安排劳动者延长时间的,支付不低于工资的百分之一百五十的工资报酬;

(二)休息日安排劳动者工作又不能安排补休的,支付不低于工资的百分之二百的工资报酬;

(三)法定休假日安排劳动者工作的,支付不低于工资的百分之三百的工资报酬。

第四十五条　国家实行带薪年休假制度。

劳动者连续工作 1 年以上的,享受带薪年休假。具体办法由国务院规定。

第五章　工　资

第四十六条　工资分配应当遵循按劳分配原则,实行同工同酬。

工资水平在经济发展的基础上逐步提高。国家对工资总量实行宏观调控。

第四十七条　用人单位根据本单位的生产经营特点和经济效益,依法自主确定本单位的工资分配方式和工资水平。

第四十八条　国家实行最低工资保障制度。最低工资的具体标准由省、自治区、直辖市人民政府规定,报国务院备案。

第四十九条　确定和调整最低工资标准应当综合参考下列因素:

(一)劳动者本人及平均赡养人口的最低生活费用;

(二)社会平均工资水平;

(三)劳动生产率;

(四)就业状况;

(五)地区之间经济发展水平的差异。

第五十条　工资应当以货币形式按月支付给劳动者本人。不得克扣或者无故拖欠劳动者的工资。

第五十一条 劳动者在法定休假日和婚丧假期间以及依法参加社会活动期间,用人单位应当依法支付工资。

第六章 劳动安全卫生

第五十二条 用人单位必须建立、健全劳动卫生制度,严格执行国家劳动安全卫生规程和标准,对劳动者进行劳动安全卫生教育,防止劳动过程中的事故,减少职业危害。

第五十三条 劳动安全卫生设施必须符合国家规定的标准。

新建、改建、扩建工程的劳动安全卫生设施必须与主题同时设计、同时施工、同时投入生产和使用。

第五十四条 用人单位必须为劳动者提供符合国家规定的劳动安全卫生条件和必要的劳动防护用品,对从事有职业危害作业的劳动者应当定期进行健康检查。

第五十五条 从事特种作业的劳动者必须经过专门培训并取得特种作业资格。

第五十六条 劳动者在劳动过程中必须严格遵守安全操作规程。

劳动者对用人单位管理人员违章指挥、强令冒险作业,有权拒绝执行;对危害生命安全和身体健康的行为,有权提出批评、检举和控告。

第五十七条 国家建立伤亡和职业病统计报告和处理制度。县级以上各级人民政府劳动行政部门、有关部门和用人单位应当依法对劳动者在劳动过程中发生的伤亡事故和劳动者的职业病状况,进行统计、报告和处理。

第七章 女职工和未成年工特殊保护

第五十八条 国家对女职工和未成年工实行特殊劳动保护。

未成年工是指年满16周岁未满18周岁的劳动者。

第五十九条 禁止安排女职工从事矿山井下、国家规定的第四级体力劳动强度的劳动和其他禁忌从事的劳动。

第六十条 不得安排女职工在经期从事高处、低温、冷水作业和国家规定的第三级体力劳动强度的劳动。

第六十一条 不得安排女职工在怀孕期间从事国家国家规定的第三级体力劳动强度的劳动和孕期禁忌从事的劳动。对怀孕7个月以上的女职工,不得安排其延长工作时间和夜班劳动。

第六十二条 女职工生育享受不少于90天的产假。

第六十三条 不得安排女职工在哺乳未满1周岁的婴儿期间从事国家规定的第三级体力劳动强度的劳动和哺乳期禁忌从事的其他劳动,不得安排其延长工作时间和夜班劳动。

第六十四条 不得安排未成年工从事矿山井下、有毒有害、国家规定的第四级体力劳动强度的劳动和其他禁忌从事的劳动。

第六十五条 用人单位应当对未成年工定期进行健康检查。

第八章 职业培训

第六十六条 国家通过各种途径,采取各种措施,发展职业培训事业,开发劳动者的职业技能,提高劳动者素质,增强劳动者的就业能力和工作能力。

第六十七条 各级人民政府应当把发展职业培训纳入社会经济发展的规划,鼓励和支持有条件的企业、事业组织、社会团体和个人进行各种形式的职业培训。

第六十八条 用人单位应当建立职业培训制度,按照国家规定提取和使用职业培训经费,根据本单位实际,有计划地对劳动者进行职业培训。

从事技术工种的劳动者,上岗前必须经过培训。

第六十九条 国家确定职业分类,对规定的职业制度职业技能标准,实行职业资格证书制度,由经过政府批准的考核鉴定机构负责对劳动者实施职业技能考核鉴定。

第九章 社会保险和福利

第七十条 国家发展社会保险,建立社会保险制度,设立社会保险基金,使劳动者在年老、患病、工伤、失业、生育等情况下获得帮助和补偿。

第七十一条 社会保险水平应当与社会经济发展水平和社会承受能力相适应。

第七十二条 社会保险基金按照保险类型确定资金来源,逐步实行社会统筹。用人单位和劳动者必须依法参加社会保险,缴纳社会保险费。

第七十三条 劳动者在下列情形下,依法享受社会保险待遇:

(一)退休;

(二)患病;

(三)因工伤残或者患职业病;

(四)失业;

(五)生育。

劳动者死亡后,其遗属依法享受遗属津贴。

劳动者享受社会保险待遇的条件和标准由法律、法规规定。

劳动者享受的社会保险金必须按时足额支付。

第七十四条 社会保险基金经办机构依照法律规定收支、管理和运营社会保险基金,并负有使社会保险基金保值增值的责任。

社会保险基金监督机构依照法律规定,对社会保险基金的收支、管理和运营实施监督。

社会保险基金经办机构和社会保险基金监督机构的设立和职能由法律规定。

任何组织和个人不得挪用社会保险基金。

第七十五条 国家鼓励用人单位根据本单位实际情况为劳动者建立补充保险。

国家提倡劳动者个人进行储蓄性保险。

第七十六条 国家发展社会福利事业,兴建公共福利设施,为劳动者休息、修养和疗养提供条件。

用人单位应当创造条件,改善集体福利,提高劳动者的福利待遇。

第十章 劳动争议

第七十七条 用人单位与劳动者发生劳动争议,当事人可以依法申请调解、仲裁、提起诉讼,也可以协商解决。

调解原则适用于仲裁和诉讼程序。

第七十八条 解决劳动争议,应当根据合法、公正、及时处理的原则,依法维护劳动争议当事人的合法权益。

第七十九条 劳动争议发生后,当事人可以向本单位劳动争议调解委员会申请调解;调解不成,当事人一方要求仲裁的,可以向劳动争议仲裁委员会申请仲裁。当事人一方也可以直接向劳动争议仲裁委员会申请仲裁。对仲裁裁决不服的,可以向人民法院提出诉讼。

第八十条　在用人单位内，可以设立劳动争议调解委员会。劳动争议调解委员会由职工代表、用人单位代表和工会代表组成。劳动争议调解委员会主任又工会代表担任。

劳动争议经调解达成协议的，当事人应当履行。

第八十一条　劳动争议仲裁委员会由劳动行政部门代表、同级工会代表、用人单位代表方面的代表组成。劳动争议仲裁委员会主任由劳动行政部门代表担任。

第八十二条　提出仲裁要求的一方应当自劳动争议发生之日起60日内向劳动争议仲裁委员会提出书面申请。仲裁裁决一般应在收到仲裁申请的60日内作出。对仲裁裁决无异议的，当事人必须履行。

第八十三条　劳动争议当事人对仲裁裁决不服的，可以自收到仲裁裁决书之日起15日内向人民法院提起诉讼。一方当事人在法定期限内不起诉又不履行仲裁裁决的，另一方当事人可以申请强制执行。

第八十四条　因签订集体合同发生争议，当事人协商解决不成的，当地人民政府劳动行政部门可以组织有关各方协调处理。

因履行集体合同发生争议，当事人协商解决不成的，可以向劳动争议仲裁委员会申请仲裁；对仲裁裁决不服的，可以自收到仲裁裁决书之日起15日内向人民法院提出诉讼。

第十一章　监督检查

第八十五条　县级以上各级人民政府劳动行政部门依法对用人单位遵守劳动法律、法规的情况进行监督检查，对违反劳动法律、法规的行为有权制止，并责令改正。

第八十六条　县级以上各级人民政府劳动行政部门监督检查人员执行公务，有权进入用人单位了解执行劳动法律、法规的情况，查阅必要的资料，并对劳动场所进行检查。

县级以上各级人民政府劳动行政部门监督检查人员执行公务，必须出示证件，秉公执法并遵守有关规定。

第八十七条　县级以上各级人民政府有关部门在各自职责范围内，对用人单位遵守劳动法律、法规的情况进行监督。

第八十八条　各级工会依法维护劳动者的合法权益，对用人单位遵守劳动法律、法规的情况进行监督。

任何组织和个人对于违反劳动法律、法规的行为有权检举和控告。

第十二章　法律责任

第八十九条　用人单位制定的劳动规章制度违反法律、法规规定的，由劳动行政部门给予警告，责令改正；对劳动者造成损害的，应当承担赔偿责任。

第九十条　用人单位违反本法律规定，延长劳动者工作时间的，由劳动行政部门给予警告，责令改正，并可以处以罚款。

第九十一条　用人单位有下列侵害劳动者合法权益情形之一的，由劳动行政部门责令支付劳动者的工资报酬、经济补偿，并可以责令支付赔偿金：

（一）克扣或者无故拖欠劳动者工资的；

（二）拒不支付劳动者延长工作时间工资报酬的；

（三）低于当地最低工资标准支付劳动者工资的；

（四）解除劳动合同后，未依照本法规定给予劳动者经济补偿的。

第九十二条　用人单位的劳动安全设施和劳动卫生条件不符合国家规定或者未向劳动

者提供必要的劳动防护用品和劳动保护设施的,由劳动行政部门或者有关部门责令改正,可以处以罚款;情节严重的,提请县级以上人民政府决定责令停产整顿;对事故隐患不采取措施,致使发生重大事故,造成劳动者生命和财产损失的,对责任人员比照刑法第一百八十七条的规定追究刑事责任。

第九十三条　用人单位强令劳动者违章冒险作业,发生重大伤亡事故,造成严重后果的,对责任人员依法追究刑事责任。

第九十四条　用人单位非法招用未满 16 周岁的未成年人的,由劳动行政部门责令改正,处以罚款;情节严重的,由工商行政管理部门吊销营业执照。

第九十五条　用人单位违反本法对女职工和未成年工的保护规定,侵害其合法权益的,由劳动行政部门责令改正,处以罚款;对女职工或者未成年工造成损害的,应当承担赔偿责任。

第九十六条　用人单位有下列行为之一,由公安机关对责任人员处以 15 日以下拘留、罚款或者警告;构成犯罪的,对责任人员依法追究刑事责任:

(一)以暴力、威胁或者非法限制人身自由的手段强迫劳动的;

(二)侮辱、体罚、殴打、非法搜查和拘禁劳动者的。

第九十七条　由于用人单位的原因订立的无效合同,对劳动者造成损害的,应当承担赔偿责任。

第九十八条　用人单位违反本法规定的条件解除劳动合同或者故意拖延不订立劳动合同的,由劳动行政部门责令改正;对劳动者造成损害的,应当承担赔偿责任。

第九十九条　用人单位招用尚未解除劳动合同的劳动者,对原用人单位造成经济损失的,该用人单位应当依法承担连带赔偿责任。

第一百条　用人单位无故不缴纳社会保险费的,由劳动行政部门责令其限期缴纳;逾期不缴的,可以加收滞纳金。

第一百零一条　用人单位无理阻挠劳动行政部门、有关部门及其工作人员行使监督检查权,打击报复举报人员的,由劳动行政部门或者有关部门处以罚款;构成犯罪的,对责任人员依法追究刑事责任。

第一百零二条　劳动者违反本法规定的条件解除劳动合同或者违反劳动合同中约定的保密事项,对用人单位造成经济损失的,应当依法承担赔偿责任。

第一百零三条　劳动行政部门或者有关部门的工作人员滥用职权、玩忽职守、徇私舞弊,构成犯罪的,依法追究刑事责任;不构成犯罪的,给予行政处分。

第一百零四条　国家工作人员和社会保险基金经办机构的工作人员挪用社会保险基金,构成犯罪的,依法追究刑事责任。

第一百零五条　违反本法规定侵害劳动者合法权益,其他法律、行政法规已规定处罚的,依照该法律、行政法规的规定处罚。

第十三章　附　则

第一百零六条　省、自治区、直辖市人民政府根据本法和本地区的实际情况,规定劳动合同制度的实施步骤,报国务院备案。

第一百零七条　本法自 1995 年 1 月 1 日起施行。

《中华人民共和国劳动合同法》

第一章 总 则

第一条 为了完善劳动合同制度,明确劳动合同双方当事人的权利和义务,保护劳动者的合法权益,构建和发展和谐稳定的劳动关系,制定本法。

第二条 中华人民共和国境内的企业、个体经济组织、民办非企业单位等组织(以下称用人单位)与劳动者建立劳动关系,订立、履行、变更、解除或者终止劳动合同,适用本法。

国家机关、事业单位、社会团体和与其建立劳动关系的劳动者,订立、履行、变更、解除或者终止劳动合同,依照本法执行。

第三条 订立劳动合同,应当遵循合法、公平、平等自愿、协商一致、诚实信用的原则。

依法订立的劳动合同具有约束力,用人单位与劳动者应当履行劳动合同约定的义务。

第四条 用人单位应当依法建立和完善劳动规章制度,保障劳动者享有劳动权利、履行劳动义务。

用人单位在制定、修改或者决定有关劳动报酬、工作时间、休息休假、劳动安全卫生、保险福利、职工培训、劳动纪律以及劳动定额管理等直接涉及劳动者切身利益的规章制度或者重大事项时,应当经职工代表大会或者全体职工讨论,提出方案和意见,与工会或者职工代表平等协商确定。

在规章制度和重大事项决定实施过程中,工会或者职工认为不适当的,有权向用人单位提出,通过协商予以修改完善。

用人单位应当将直接涉及劳动者切身利益的规章制度和重大事项决定公示,或者告知劳动者。

第五条 县级以上人民政府劳动行政部门会同工会和企业方面代表,建立健全协调劳动关系三方机制,共同研究解决有关劳动关系的重大问题。

第六条 工会应当帮助、指导劳动者与用人单位依法订立和履行劳动合同,并与用人单位建立集体协商机制,维护劳动者的合法权益。

第二章 劳动合同的订立

第七条 用人单位自用工之日起即与劳动者建立劳动关系。用人单位应当建立职工名册备查。

第八条 用人单位招用劳动者时,应当如实告知劳动者工作内容、工作条件、工作地点、职业危害、安全生产状况、劳动报酬,以及劳动者要求了解的其他情况;用人单位有权了解劳动者与劳动合同直接相关的基本情况,劳动者应当如实说明。

第九条 用人单位招用劳动者,不得扣押劳动者的居民身份证和其他证件,不得要求劳动者提供担保或者以其他名义向劳动者收取财物。

第十条 建立劳动关系,应当订立书面劳动合同。

已建立劳动关系,未同时订立书面劳动合同的,应当自用工之日起一个月内订立书面劳动合同。

用人单位与劳动者在用工前订立劳动合同的,劳动关系自用工之日起建立。

第十一条 用人单位未在用工的同时订立书面劳动合同,与劳动者约定的劳动报酬不明确的,新招用的劳动者的劳动报酬按照集体合同规定的标准执行;没有集体合同或者集体合同未规定的,实行同工同酬。

第十二条　劳动合同分为固定期限劳动合同、无固定期限劳动合同和以完成一定工作任务为期限的劳动合同。

第十三条　固定期限劳动合同,是指用人单位与劳动者约定合同终止时间的劳动合同。

用人单位与劳动者协商一致,可以订立固定期限劳动合同。

第十四条　无固定期限劳动合同,是指用人单位与劳动者约定无确定终止时间的劳动合同。

用人单位与劳动者协商一致,可以订立无固定期限劳动合同。有下列情形之一,劳动者提出或者同意续订、订立劳动合同的,除劳动者提出订立固定期限劳动合同外,应当订立无固定期限劳动合同:

(一)劳动者在该用人单位连续工作满十年的;

(二)用人单位初次实行劳动合同制度或者国有企业改制重新订立劳动合同时,劳动者在该用人单位连续工作满十年且距法定退休年龄不足十年的;

(三)连续订立二次固定期限劳动合同,且劳动者没有本法第三十九条和第四十条第一项、第二项规定的情形,续订劳动合同的。

用人单位自用工之日起满一年不与劳动者订立书面劳动合同的,视为用人单位与劳动者已订立无固定期限劳动合同。

第十五条　以完成一定工作任务为期限的劳动合同,是指用人单位与劳动者约定以某项工作的完成为合同期限的劳动合同。

用人单位与劳动者协商一致,可以订立以完成一定工作任务为期限的劳动合同。

第十六条　劳动合同由用人单位与劳动者协商一致,并经用人单位与劳动者在劳动合同文本上签字或者盖章生效。

劳动合同文本由用人单位和劳动者各执一份。

第十七条　劳动合同应当具备以下条款:

(一)用人单位的名称、住所和法定代表人或者主要负责人;

(二)劳动者的姓名、住址和居民身份证或者其他有效身份证件号码;

(三)劳动合同期限;

(四)工作内容和工作地点;

(五)工作时间和休息休假;

(六)劳动报酬;

(七)社会保险;

(八)劳动保护、劳动条件和职业危害防护;

(九)法律、法规规定应当纳入劳动合同的其他事项。

劳动合同除前款规定的必备条款外,用人单位与劳动者可以约定试用期、培训、保守秘密、补充保险和福利待遇等其他事项。

第十八条　劳动合同对劳动报酬和劳动条件等标准约定不明确,引发争议的,用人单位与劳动者可以重新协商;协商不成的,适用集体合同规定;没有集体合同或者集体合同未规定劳动报酬的,实行同工同酬;没有集体合同或者集体合同未规定劳动条件等标准的,适用国家有关规定。

第十九条　劳动合同期限三个月以上不满一年的,试用期不得超过一个月;劳动合同期限一年以上不满三年的,试用期不得超过二个月;三年以上固定期限和无固定期限的劳动合同,试用期不得超过六个月。

同一用人单位与同一劳动者只能约定一次试用期。

以完成一定工作任务为期限的劳动合同或者劳动合同期限不满三个月的,不得约定试用期。

试用期包含在劳动合同期限内。劳动合同仅约定试用期的,试用期不成立,该期限为劳动合同期限。

第二十条　劳动者在试用期的工资不得低于本单位相同岗位最低档工资或者劳动合同约定工资的百分之八十,并不得低于用人单位所在地的最低工资标准。

第二十一条　在试用期中,除劳动者有本法第三十九条和第四十条第一项、第二项规定的情形外,用人单位不得解除劳动合同。用人单位在试用期解除劳动合同的,应当向劳动者说明理由。

第二十二条　用人单位为劳动者提供专项培训费用,对其进行专业技术培训的,可以与该劳动者订立协议,约定服务期。

劳动者违反服务期约定的,应当按照约定向用人单位支付违约金。违约金的数额不得超过用人单位提供的培训费用。用人单位要求劳动者支付的违约金不得超过服务期尚未履行部分所应分摊的培训费用。

用人单位与劳动者约定服务期的,不影响按照正常的工资调整机制提高劳动者在服务期期间的劳动报酬。

第二十三条　用人单位与劳动者可以在劳动合同中约定保守用人单位的商业秘密和与知识产权相关的保密事项。

对负有保密义务的劳动者,用人单位可以在劳动合同或者保密协议中与劳动者约定竞业限制条款,并约定在解除或者终止劳动合同后,在竞业限制期限内按月给予劳动者经济补偿。劳动者违反竞业限制约定的,应当按照约定向用人单位支付违约金。

第二十四条　竞业限制的人员限于用人单位的高级管理人员、高级技术人员和其他负有保密义务的人员。竞业限制的范围、地域、期限由用人单位与劳动者约定,竞业限制的约定不得违反法律、法规的规定。

在解除或者终止劳动合同后,前款规定的人员到与本单位生产或者经营同类产品、从事同类业务的有竞争关系的其他用人单位,或者自己开业生产或者经营同类产品、从事同类业务的竞业限制期限,不得超过二年。

第二十五条　除本法第二十二条和第二十三条规定的情形外,用人单位不得与劳动者约定由劳动者承担违约金。

第二十六条　下列劳动合同无效或者部分无效:

(一)以欺诈、胁迫的手段或者乘人之危,使对方在违背真实意思的情况下订立或者变更劳动合同的;

(二)用人单位免除自己的法定责任、排除劳动者权利的;

(三)违反法律、行政法规强制性规定的。

对劳动合同的无效或者部分无效有争议的,由劳动争议仲裁机构或者人民法院确认。

第二十七条　劳动合同部分无效,不影响其他部分效力的,其他部分仍然有效。

第二十八条 劳动合同被确认无效,劳动者已付出劳动的,用人单位应当向劳动者支付劳动报酬。劳动报酬的数额,参照本单位相同或者相近岗位劳动者的劳动报酬确定。

第三章 劳动合同的履行和变更

第二十九条 用人单位与劳动者应当按照劳动合同的约定,全面履行各自的义务。

第三十条 用人单位应当按照劳动合同约定和国家规定,向劳动者及时足额支付劳动报酬。

用人单位拖欠或者未足额支付劳动报酬的,劳动者可以依法向当地人民法院申请支付令,人民法院应当依法发出支付令。

第三十一条 用人单位应当严格执行劳动定额标准,不得强迫或者变相强迫劳动者加班。用人单位安排加班的,应当按照国家有关规定向劳动者支付加班费。

第三十二条 劳动者拒绝用人单位管理人员违章指挥、强令冒险作业的,不视为违反劳动合同。

劳动者对危害生命安全和身体健康的劳动条件,有权对用人单位提出批评、检举和控告。

第三十三条 用人单位变更名称、法定代表人、主要负责人或者投资人等事项,不影响劳动合同的履行。

第三十四条 用人单位发生合并或者分立等情况,原劳动合同继续有效,劳动合同由承继其权利和义务的用人单位继续履行。

第三十五条 用人单位与劳动者协商一致,可以变更劳动合同约定的内容。变更劳动合同,应当采用书面形式。

变更后的劳动合同文本由用人单位和劳动者各执一份。

第四章 劳动合同的解除和终止

第三十六条 用人单位与劳动者协商一致,可以解除劳动合同。

第三十七条 劳动者提前三十日以书面形式通知用人单位,可以解除劳动合同。劳动者在试用期内提前三日通知用人单位,可以解除劳动合同。

第三十八条 用人单位有下列情形之一的,劳动者可以解除劳动合同:

(一)未按照劳动合同约定提供劳动保护或者劳动条件的;

(二)未及时足额支付劳动报酬的;

(三)未依法为劳动者缴纳社会保险费的;

(四)用人单位的规章制度违反法律、法规的规定,损害劳动者权益的;

(五)因本法第二十六条第一款规定的情形致使劳动合同无效的;

(六)法律、行政法规规定劳动者可以解除劳动合同的其他情形。

用人单位以暴力、威胁或者非法限制人身自由的手段强迫劳动者劳动的,或者用人单位违章指挥、强令冒险作业危及劳动者人身安全的,劳动者可以立即解除劳动合同,不需事先告知用人单位。

第三十九条 劳动者有下列情形之一的,用人单位可以解除劳动合同:

(一)在试用期间被证明不符合录用条件的;

(二)严重违反用人单位的规章制度的;

(三)严重失职,营私舞弊,给用人单位造成重大损害的;

（四）劳动者同时与其他用人单位建立劳动关系，对完成本单位的工作任务造成严重影响，或者经用人单位提出，拒不改正的；

（五）因本法第二十六条第一款第一项规定的情形致使劳动合同无效的；

（六）被依法追究刑事责任的。

第四十条　有下列情形之一的，用人单位提前三十日以书面形式通知劳动者本人或者额外支付劳动者一个月工资后，可以解除劳动合同：

（一）劳动者患病或者非因工负伤，在规定的医疗期满后不能从事原工作，也不能从事由用人单位另行安排的工作的；

（二）劳动者不能胜任工作，经过培训或者调整工作岗位，仍不能胜任工作的；

（三）劳动合同订立时所依据的客观情况发生重大变化，致使劳动合同无法履行，经用人单位与劳动者协商，未能就变更劳动合同内容达成协议的。

第四十一条　有下列情形之一，需要裁减人员二十人以上或者裁减不足二十人但占企业职工总数百分之十以上的，用人单位提前三十日向工会或者全体职工说明情况，听取工会或者职工的意见后，裁减人员方案经向劳动行政部门报告，可以裁减人员：

（一）依照企业破产法规定进行重整的；

（二）生产经营发生严重困难的；

（三）企业转产、重大技术革新或者经营方式调整，经变更劳动合同后，仍需裁减人员的；

（四）其他因劳动合同订立时所依据的客观经济情况发生重大变化，致使劳动合同无法履行的。

裁减人员时，应当优先留用下列人员：

（一）与本单位订立较长期限的固定期限劳动合同的；

（二）与本单位订立无固定期限劳动合同的；

（三）家庭无其他就业人员，有需要扶养的老人或者未成年人的。

用人单位依照本条第一款规定裁减人员，在六个月内重新招用人员的，应当通知被裁减的人员，并在同等条件下优先招用被裁减的人员。

第四十二条　劳动者有下列情形之一的，用人单位不得依照本法第四十条、第四十一条的规定解除劳动合同：

（一）从事接触职业病危害作业的劳动者未进行离岗前职业健康检查，或者疑似职业病病人在诊断或者医学观察期间的；

（二）在本单位患职业病或者因工负伤并被确认丧失或者部分丧失劳动能力的；

（三）患病或者非因工负伤，在规定的医疗期内的；

（四）女职工在孕期、产期、哺乳期的；

（五）在本单位连续工作满十五年，且距法定退休年龄不足五年的；

（六）法律、行政法规规定的其他情形。

第四十三条　用人单位单方解除劳动合同，应当事先将理由通知工会。用人单位违反法律、行政法规规定或者劳动合同约定的，工会有权要求用人单位纠正。用人单位应当研究工会的意见，并将处理结果书面通知工会。

第四十四条　有下列情形之一的，劳动合同终止：

（一）劳动合同期满的；

（二）劳动者开始依法享受基本养老保险待遇的；

（三）劳动者死亡，或者被人民法院宣告死亡或者宣告失踪的；

（四）用人单位被依法宣告破产的；

（五）用人单位被吊销营业执照、责令关闭、撤销或者用人单位决定提前解散的；

（六）法律、行政法规规定的其他情形。

第四十五条　劳动合同期满，有本法第四十二条规定情形之一的，劳动合同应当续延至相应的情形消失时终止。但是，本法第四十二条第二项规定丧失或者部分丧失劳动能力劳动者的劳动合同的终止，按照国家有关工伤保险的规定执行。

第四十六条　有下列情形之一的，用人单位应当向劳动者支付经济补偿：

（一）劳动者依照本法第三十八条规定解除劳动合同的；

（二）用人单位依照本法第三十六条规定向劳动者提出解除劳动合同并与劳动者协商一致解除劳动合同的；

（三）用人单位依照本法第四十条规定解除劳动合同的；

（四）用人单位依照本法第四十一条第一款规定解除劳动合同的；

（五）除用人单位维持或者提高劳动合同约定条件续订劳动合同，劳动者不同意续订的情形外，依照本法第四十四条第一项规定终止固定期限劳动合同的；

（六）依照本法第四十四条第四项、第五项规定终止劳动合同的；

（七）法律、行政法规规定的其他情形。

第四十七条　经济补偿按劳动者在本单位工作的年限，每满一年支付一个月工资的标准向劳动者支付。六个月以上不满一年的，按一年计算；不满六个月的，向劳动者支付半个月工资的经济补偿。

劳动者月工资高于用人单位所在直辖市、设区的市级人民政府公布的本地区上年度职工月平均工资三倍的，向其支付经济补偿的标准按职工月平均工资三倍的数额支付，向其支付经济补偿的年限最高不超过十二年。

本条所称月工资是指劳动者在劳动合同解除或者终止前十二个月的平均工资。

第四十八条　用人单位违反本法规定解除或者终止劳动合同，劳动者要求继续履行劳动合同的，用人单位应当继续履行；劳动者不要求继续履行劳动合同或者劳动合同已经不能继续履行的，用人单位应当依照本法第八十七条规定支付赔偿金。

第四十九条　国家采取措施，建立健全劳动者社会保险关系跨地区转移接续制度。

第五十条　用人单位应当在解除或者终止劳动合同时出具解除或者终止劳动合同的证明，并在十五日内为劳动者办理档案和社会保险关系转移手续。

劳动者应当按照双方约定，办理工作交接。用人单位依照本法有关规定应当向劳动者支付经济补偿的，在办结工作交接时支付。

用人单位对已经解除或者终止的劳动合同的文本，至少保存二年备查。

第五章　特别规定

第一节　集体合同

第五十一条　企业职工一方与用人单位通过平等协商，可以就劳动报酬、工作时间、休息休假、劳动安全卫生、保险福利等事项订立集体合同。集体合同草案应当提交职工代表大会或者全体职工讨论通过。

集体合同由工会代表企业职工一方与用人单位订立;尚未建立工会的用人单位,由上级工会指导劳动者推举的代表与用人单位订立。

第五十二条 企业职工一方与用人单位可以订立劳动安全卫生、女职工权益保护、工资调整机制等专项集体合同。

第五十三条 在县级以下区域内,建筑业、采矿业、餐饮服务业等行业可以由工会与企业方面代表订立行业性集体合同,或者订立区域性集体合同。

第五十四条 集体合同订立后,应当报送劳动行政部门;劳动行政部门自收到集体合同文本之日起十五日内未提出异议的,集体合同即行生效。

依法订立的集体合同对用人单位和劳动者具有约束力。行业性、区域性集体合同对当地本行业、本区域的用人单位和劳动者具有约束力。

第五十五条 集体合同中劳动报酬和劳动条件等标准不得低于当地人民政府规定的最低标准;用人单位与劳动者订立的劳动合同中劳动报酬和劳动条件等标准不得低于集体合同规定的标准。

第五十六条 用人单位违反集体合同,侵犯职工劳动权益的,工会可以依法要求用人单位承担责任;因履行集体合同发生争议,经协商解决不成的,工会可以依法申请仲裁、提起诉讼。

第二节 劳务派遣

第五十七条 劳务派遣单位应当依照公司法的有关规定设立,注册资本不得少于五十万元。

第五十八条 劳务派遣单位是本法所称用人单位,应当履行用人单位对劳动者的义务。劳务派遣单位与被派遣劳动者订立的劳动合同,除应当载明本法第十七条规定的事项外,还应当载明被派遣劳动者的用工单位以及派遣期限、工作岗位等情况。

劳务派遣单位应当与被派遣劳动者订立二年以上的固定期限劳动合同,按月支付劳动报酬;被派遣劳动者在无工作期间,劳务派遣单位应当按照所在地人民政府规定的最低工资标准,向其按月支付报酬。

第五十九条 劳务派遣单位派遣劳动者应当与接受以劳务派遣形式用工的单位(以下称用工单位)订立劳务派遣协议。劳务派遣协议应当约定派遣岗位和人员数量、派遣期限、劳动报酬和社会保险费的数额与支付方式以及违反协议的责任。

用工单位应当根据工作岗位的实际需要与劳务派遣单位确定派遣期限,不得将连续用工期限分割订立数个短期劳务派遣协议。

第六十条 劳务派遣单位应当将劳务派遣协议的内容告知被派遣劳动者。

劳务派遣单位不得克扣用工单位按照劳务派遣协议支付给被派遣劳动者的劳动报酬。

劳务派遣单位和用工单位不得向被派遣劳动者收取费用。

第六十一条 劳务派遣单位跨地区派遣劳动者的,被派遣劳动者享有的劳动报酬和劳动条件,按照用工单位所在地的标准执行。

第六十二条 用工单位应当履行下列义务:

(一)执行国家劳动标准,提供相应的劳动条件和劳动保护;

(二)告知被派遣劳动者的工作要求和劳动报酬;

(三)支付加班费、绩效奖金,提供与工作岗位相关的福利待遇;

（四）对在岗被派遣劳动者进行工作岗位所必需的培训；

（五）连续用工的，实行正常的工资调整机制。

用工单位不得将被派遣劳动者再派遣到其他用人单位。

第六十三条 被派遣劳动者享有与用工单位的劳动者同工同酬的权利。用工单位无同类岗位劳动者的，参照用工单位所在地相同或者相近岗位劳动者的劳动报酬确定。

第六十四条 被派遣劳动者有权在劳务派遣单位或者用工单位依法参加或者组织工会，维护自身的合法权益。

第六十五条 被派遣劳动者可以依照本法第三十六条、第三十八条的规定与劳务派遣单位解除劳动合同。

被派遣劳动者有本法第三十九条和第四十条第一项、第二项规定情形的，用工单位可以将劳动者退回劳务派遣单位，劳务派遣单位依照本法有关规定，可以与劳动者解除劳动合同。

第六十六条 劳务派遣一般在临时性、辅助性或者替代性的工作岗位上实施。

第六十七条 用人单位不得设立劳务派遣单位向本单位或者所属单位派遣劳动者。

第三节 非全日制用工

第六十八条 非全日制用工，是指以小时计酬为主，劳动者在同一用人单位一般平均每日工作时间不超过四小时，每周工作时间累计不超过二十四小时的用工形式。

第六十九条 非全日制用工双方当事人可以订立口头协议。

从事非全日制用工的劳动者可以与一个或者一个以上用人单位订立劳动合同；但是，后订立的劳动合同不得影响先订立的劳动合同的履行。

第七十条 非全日制用工双方当事人不得约定试用期。

第七十一条 非全日制用工双方当事人任何一方都可以随时通知对方终止用工。终止用工，用人单位不向劳动者支付经济补偿。

第七十二条 非全日制用工小时计酬标准不得低于用人单位所在地人民政府规定的最低小时工资标准。

非全日制用工劳动报酬结算支付周期最长不得超过十五日。

第六章 监督检查

第七十三条 国务院劳动行政部门负责全国劳动合同制度实施的监督管理。

县级以上地方人民政府劳动行政部门负责本行政区域内劳动合同制度实施的监督管理。

县级以上各级人民政府劳动行政部门在劳动合同制度实施的监督管理工作中，应当听取工会、企业方面代表以及有关行业主管部门的意见。

第七十四条 县级以上地方人民政府劳动行政部门依法对下列实施劳动合同制度的情况进行监督检查：

（一）用人单位制定直接涉及劳动者切身利益的规章制度及其执行的情况；

（二）用人单位与劳动者订立和解除劳动合同的情况；

（三）劳务派遣单位和用工单位遵守劳务派遣有关规定的情况；

（四）用人单位遵守国家关于劳动者工作时间和休息休假规定的情况；

（五）用人单位支付劳动合同约定的劳动报酬和执行最低工资标准的情况；

（六）用人单位参加各项社会保险和缴纳社会保险费的情况；

（七）法律、法规规定的其他劳动监察事项。

第七十五条　县级以上地方人民政府劳动行政部门实施监督检查时，有权查阅与劳动合同、集体合同有关的材料，有权对劳动场所进行实地检查，用人单位和劳动者都应当如实提供有关情况和材料。

劳动行政部门的工作人员进行监督检查，应当出示证件，依法行使职权，文明执法。

第七十六条　县级以上人民政府建设、卫生、安全生产监督管理等有关主管部门在各自职责范围内，对用人单位执行劳动合同制度的情况进行监督管理。

第七十七条　劳动者合法权益受到侵害的，有权要求有关部门依法处理，或者依法申请仲裁、提起诉讼。

第七十八条　工会依法维护劳动者的合法权益，对用人单位履行劳动合同、集体合同的情况进行监督。用人单位违反劳动法律、法规和劳动合同、集体合同的，工会有权提出意见或者要求纠正；劳动者申请仲裁、提起诉讼的，工会依法给予支持和帮助。

第七十九条　任何组织或者个人对违反本法的行为都有权举报，县级以上人民政府劳动行政部门应当及时核实、处理，并对举报有功人员给予奖励。

第七章　法律责任

第八十条　用人单位直接涉及劳动者切身利益的规章制度违反法律、法规规定的，由劳动行政部门责令改正，给予警告；给劳动者造成损害的，应当承担赔偿责任。

第八十一条　用人单位提供的劳动合同文本未载明本法规定的劳动合同必备条款或者用人单位未将劳动合同文本交付劳动者的，由劳动行政部门责令改正；给劳动者造成损害的，应当承担赔偿责任。

第八十二条　用人单位自用工之日起超过一个月不满一年未与劳动者订立书面劳动合同的，应当向劳动者每月支付二倍的工资。

用人单位违反本法规定不与劳动者订立无固定期限劳动合同的，自应当订立无固定期限劳动合同之日起向劳动者每月支付二倍的工资。

第八十三条　用人单位违反本法规定与劳动者约定试用期的，由劳动行政部门责令改正；违法约定的试用期已经履行的，由用人单位以劳动者试用期满月工资为标准，按已经履行的超过法定试用期的期间向劳动者支付赔偿金。

第八十四条　用人单位违反本法规定，扣押劳动者居民身份证等证件的，由劳动行政部门责令限期退还劳动者本人，并依照有关法律规定给予处罚。

用人单位违反本法规定，以担保或者其他名义向劳动者收取财物的，由劳动行政部门责令限期退还劳动者本人，并以每人五百元以上两千元以下的标准处以罚款；给劳动者造成损害的，应当承担赔偿责任。

劳动者依法解除或者终止劳动合同，用人单位扣押劳动者档案或者其他物品的，依照前款规定处罚。

第八十五条　用人单位有下列情形之一的，由劳动行政部门责令限期支付劳动报酬、加班费或者经济补偿；劳动报酬低于当地最低工资标准的，应当支付其差额部分；逾期不支付的，责令用人单位按应付金额百分之五十以上百分之一百以下的标准向劳动者加付赔偿金：

（一）未按照劳动合同的约定或者国家规定及时足额支付劳动者劳动报酬的；

（二）低于当地最低工资标准支付劳动者工资的；

（三）安排加班不支付加班费的；

（四）解除或者终止劳动合同，未依照本法规定向劳动者支付经济补偿的。

第八十六条　劳动合同依照本法第二十六条规定被确认无效，给对方造成损害的，有过错的一方应当承担赔偿责任。

第八十七条　用人单位违反本法规定解除或者终止劳动合同的，应当依照本法第四十七条规定的经济补偿标准的二倍向劳动者支付赔偿金。

第八十八条　用人单位有下列情形之一的，依法给予行政处罚；构成犯罪的，依法追究刑事责任；给劳动者造成损害的，应当承担赔偿责任：

（一）以暴力、威胁或者非法限制人身自由的手段强迫劳动的；

（二）违章指挥或者强令冒险作业危及劳动者人身安全的；

（三）侮辱、体罚、殴打、非法搜查或者拘禁劳动者的；

（四）劳动条件恶劣、环境污染严重，给劳动者身心健康造成严重损害的。

第八十九条　用人单位违反本法规定未向劳动者出具解除或者终止劳动合同的书面证明，由劳动行政部门责令改正；给劳动者造成损害的，应当承担赔偿责任。

第九十条　劳动者违反本法规定解除劳动合同，或者违反劳动合同中约定的保密义务或者竞业限制，给用人单位造成损失的，应当承担赔偿责任。

第九十一条　用人单位招用与其他用人单位尚未解除或者终止劳动合同的劳动者，给其他用人单位造成损失的，应当承担连带赔偿责任。

第九十二条　劳务派遣单位违反本法规定的，由劳动行政部门和其他有关主管部门责令改正；情节严重的，以每人一千元以上五千元以下的标准处以罚款，并由工商行政管理部门吊销营业执照；给被派遣劳动者造成损害的，劳务派遣单位与用工单位承担连带赔偿责任。

第九十三条　对不具备合法经营资格的用人单位的违法犯罪行为，依法追究法律责任；劳动者已经付出劳动的，该单位或者其出资人应当依照本法有关规定向劳动者支付劳动报酬、经济补偿、赔偿金；给劳动者造成损害的，应当承担赔偿责任。

第九十四条　个人承包经营违反本法规定招用劳动者，给劳动者造成损害的，发包的组织与个人承包经营者承担连带赔偿责任。

第九十五条　劳动行政部门和其他有关主管部门及其工作人员玩忽职守、不履行法定职责，或者违法行使职权，给劳动者或者用人单位造成损害的，应当承担赔偿责任；对直接负责的主管人员和其他直接责任人员，依法给予行政处分；构成犯罪的，依法追究刑事责任。

第八章　附　则

第九十六条　事业单位与实行聘用制的工作人员订立、履行、变更、解除或者终止劳动合同，法律、行政法规或者国务院另有规定的，依照其规定；未作规定的，依照本法有关规定执行。

第九十七条　本法施行前已依法订立且在本法施行之日存续的劳动合同，继续履行；本法第十四条第二款第三项规定连续订立固定期限劳动合同的次数，自本法施行后续订固定期限劳动合同时开始计算。

本法施行前已建立劳动关系，尚未订立书面劳动合同的，应当自本法施行之日起一个月内订立。

本法施行之日存续的劳动合同在本法施行后解除或者终止,依照本法第四十六条规定应当支付经济补偿的,经济补偿年限自本法施行之日起计算;本法施行前按照当时有关规定,用人单位应当向劳动者支付经济补偿的,按照当时有关规定执行。

第九十八条 本法自 2008 年 1 月 1 日起施行。

国家促进普通高校毕业生就业政策公告

1.鼓励高校毕业生到乡镇基层、中西部等地区就业

(1)参加"选聘高校毕业生到村任职""三支一扶""大学生志愿服务西部计划""农村义务教育阶段学校教师特设岗位计划"项目,符合相关条件的,享受工作生活补贴、学费补偿或国家助学贷款代偿、公务员招录、事业单位招聘、考学升学等优惠政策。

(2)对到中西部地区和艰苦边远地区县以下基层单位就业并履行一定服务期限的,由政府补偿学费或代偿国家助学贷款。

(3)对到农村基层和城市社区公益性岗位就业的,给予社会保险补贴和公益性岗位补贴;对到农村基层和城市社区其他社会管理和公共服务岗位就业的,给予薪酬或生活补贴。

(4)对有基层工作经历的,在研究生招录和事业单位选聘时优先录取;自 2012 年起,省级以上机关录用公务员,除部分特殊职位外,均应从具有 2 年以上基层工作经历的人员中录用。

2.鼓励支持高校毕业生到中小企业就业和自主创业

(1)到中小企业就业的,在专业技术职称评定、科研项目经费申请、科研成果获荣誉称号申报等方面,享有与国有企业事业单位同类待遇,并享受档案管理、人事代理、社会保险办理和接续的服务。

(2)在毕业年度内参加创业培训的,按规定给予培训补贴。

(3)初创企业是,允许放宽市场准入条件,并可按规定申请小额担保贷款,从事微利项目的,可享受不超过 10 万元贷款额度的财政贴息扶持。

(4)毕业年度内从事个体经营的,3 年内按每户每年 8 000 元为限额享受有关税收优惠;毕业 2 年以内从事个体经营时,自在工商部门首次注册登录之日起 3 年内,可免交有关行政事业性收费。

(5)各城市应取消高校毕业生落户限制,允许高校毕业生在就(创)业地办理落户手续(直辖市按有关规定执行)。

3.鼓励高校毕业生应征入伍义务兵役

(1)由政府补偿学费或代偿国家助学贷款。

(2)符合条件的,可以选为士官、提干、报考或保送军校。

(3)退役后参加政法干警招录培养体制改革试点考试的,教育考试笔试成绩中总分加 10 分。

(4)退役后三年内参加硕士研究生考试初试总分加 10 分,立二等功及以上的,退役后免试推荐入读硕士研究生。

(5)具有高职(专科)学历的,退役后免试入读成人本科,或经过一定考核入读普通本科。

(6)其家庭按规定享受军属优待,本人退役后享有退役军人优抚安置政策。

4. 强化对困难家庭高校毕业生的就业援助

(1)对就业困难和零就业家庭的高校毕业生,按相应的规定可享受"一对一"职业指导和重点帮扶、公益性岗位的安置、社会保险补贴、公益性岗位补贴就业援助政策,各高校可根据实际情况给予适当的求职补贴。

(2)各级机关考录公务员、事业单位招聘工作人员是,免收困难家庭高校毕业生报名费和体检费。

(3)对离校后未就业回到原籍的高校毕业生,由各地公共就业服务机构免费提供政策咨询、职业介绍和人事档案托管等服务,并组织就业见习职业技能培训等。

教育部高校学生司

全国高等学校学生信息咨询与就业指导中心

国家鼓励普通高校毕业生自主创业政策公告

1. 放宽市场准入条件

(1)初创业时,允许按行业特点放宽资金、人员准入条件,注册资金可分期到位。

(2)按照相关规定可将家庭住所、租借房、临时商业用房等作为注册地点及创业经营场所。

2. 享受资金扶持政策

(1)对符合条件的高校毕业生自主创业的,可在创业地按规定申请小额担保贷款;从事微利项目,可享受不超过 10 万元贷款额度的财政贴息扶持;合伙经营和组织起来就业的,可根据实际需要适当提高贷款额度。

(2)视当地情况,可申请"大学生创业基金"

3. 实行税费减免优惠

(1)毕业 2 年以内从事个体经营时,自在工商部门首次注册登记之日起 3 年内,可免交管理类、登记类和证照类等有关行政事业性收费。

(2)持《就业失业登记证》(注明"自主创业税收政策"或附着《高校毕业生自主创业证》)的高校毕业生在毕业年度内(指毕业所在自然年,即 1 月 1 日至 12 月 31 日)从事个体经营的,3 年内按每户每年 8 000 元为限额依次扣减其当年实际应缴纳的营业税、城市维护建设税、教育费附加和个人所得税。

(3)从事农、林、牧、渔、环境保护、节能节水等行业,开办高新技术企业、软件企业、动漫企业或小型微利企业等,均可依法享受国家现行规定的税费减免政策。

4. 提供培训指导服务

(1)对高校毕业生在毕业年度内参加创业培训的,根据其获得创业培训合格证书或就业、创业情况,按规定给予培训补贴。

(2)进入"高校学生科技创业实习基地"创办企业,可以享受减免 12 个月的房租、专业技术服务于咨询、相关的公共设施以及公共信息平台服务等。

(3)在办理自主创业行政审批事项时,可以通过"绿色通道"享受联合审批、一站式服务、限时办结和承诺服务等。

(4)各城市应取消高校毕业生落户限制,允许高校毕业生在创办地办理落户手续(直辖市按有关规定执行)。

(5)自主创业申报灵活就业的高校毕业生,各级公共就业和人才服务机构按规定提供人事、劳动保障代理服务,做好社会保险关系接续工作。

教育部高校学生司

全国高等学校学生信息咨询与就业指导中心

普通高等学校应届毕业生入伍预征公告

1. 普通高等学校应届毕业生应征入伍流程

(1)应征对象的毕业生登录"大学生预征报名系统"(http://zbbm.chsi.com.cn 或 http//zbbm.chsi.cn)进行报名,填写、打印《应届毕业生预征对象登记表》和《应征入伍高校毕业生补偿学费代偿国家助学贷款申请表》(以下分别称《登记表》、《申请表》),交所在学校预征工作管理部门。

(2)按照兵役机关的统一安排,预征报名毕业生参加身体初检、政治初审。

(3)学校协助兵役机关,将《登记表》和《申请表》审核盖章发给毕业生本人并完成网上信息确认。

(4)确定为预征对象的毕业生,将户口迁回入学前户籍所在地,10月底全国征兵工作开始前持《登记表》和《申请表》,到入学前户籍所在地县级兵役机关报名应征。

(5)离校前未参加预征报名的毕业生冬季征兵时可直接到入学前户籍所在地县级兵役机关报应征,并登录"大学生预征报名系统",在线填写、打印《登记表》和《审计表》,返校通过学校及学校所在地兵役机关审核盖章后,再办理其他应征手续。

2. 普通高等学校应届毕业生入伍服义务兵役鼓励政策

(1)优先征集:优先报名应征,优先体检政审,优先审批定兵,优先安排使用。

(2)优待政策:由政府补偿学费或代偿国家助学贷款;其家庭按规定享受军属优待。

(3)选用培养:

①选为士官:对于符合士官选取条件的士兵,同等条件下具有全日制大专毕业以上学历的要优先选取;师(旅)级单位范围内相同专业岗位的士兵,在任职能力相当的情况下,应优先选取高学历士兵;

②士兵提干:对于表现优秀,在服役时间、现实表现、政治要求、军事素质、年龄及身体心理等方面符合部队有关规定,具有普通高校本科以上学历,取得相应学位的高校毕业生可选拔为军官,具体办法按照关于从大学生士兵中选拔军官暂行办法等有关规定执行;

③报考军校:具有全日制专科学历的毕业生士兵可以参加全军统一组织的本科层次招生考试,录取的入有关军队院校学习,学制两年,毕业合格的列入年度生长干部毕业学员分配计划;

④保送入学:大学毕业生士兵参加优秀士兵保送入学对象选拔,年龄放宽1岁,同等条件下优先列为优秀士兵保送入学推荐对象,选拔办法按照优秀士兵保送入学有关规定执行。

(4)考试升学:

①退役后参加政法干警招录培养体制改革试点考试的,教育考试笔试成绩总分加10分;

②退役后三年内参加硕士研究生考试初试总分加10分;

— 139 —

立二等功及以上的,退役后免试推荐入读硕士研究生;

③具有高职(专科)学历的,退役后免试入读成人本科或经一定考核(计划单列、专升本考试、单独录取),30%比例入读普通本科。

(5)就业服务:

①报考公务员、应聘事业单位职位的,在军队服现役经历视为基层工作经历,同等条件下应当优先录用或者聘用;

②按照国家规定发给退役金,由安置地的县级以上地方任命人民政府接受,根据当地的实际情况,可以发给经济补助。安置地的县级以上地方人民政府应当组织其免费参加职业教育、技能培训,经考试考核合格的,发给相应的学历证书、职业资格证书并推荐就业;

③退役后一年内可视同高校应届毕业生办理就业报到手续,户档随迁;

④参加户籍所在地省级毕业生就业指导机构、原毕业高校就业招聘会,享受重点推荐、就业指导等就业服务。

安徽省大学生村官选聘工作公告(以 2013 年为例)

大学生村官工作是党中央作出的一项重大战略决策,对于造就一大批社会主义新农村建设骨干力量、党政干部队伍后备人才和各行各业优秀人才,具有重大战略意义。根据中组部《关于做好 2013 年大学生村官选聘工作的通知》(组通字〔2012〕56 号)和我省《关于建立选聘高校毕业生到村任职工作长效机制的实施意见》(组通字〔2010〕54 号)、《关于进一步加强大学生村官工作的实施意见》(组通字〔2013〕1 号),现就 2013 年大学生村官选聘工作公告如下:

1. 选聘数量

全省共选聘大学生村官 2 100 名以上。其中,面向国家 985、211 重点院校毕业生等择优选聘 300 名以上;面向社会公开选聘 1 800 名(附后)。各市所辖县(市、区)选聘指标由市根据实际进行分配(详见笔试后的各市通知)。

2. 选聘方式

选聘工作采用择优选聘和公开选聘相结合的方式进行。择优选聘通过面试、驻村见习、考核、体检等方式确定人选;公开选聘采用笔试、面试、体检等方式确定人选。

3. 选聘条件

选聘对象的基本条件是:①思想政治素质好,作风踏实,吃苦耐劳,组织纪律观念强;②学习成绩良好,具备一定的组织协调能力;③自愿到农村基层工作;④身心健康。同时要具备以下条件:

(1)27 周岁以下(1985 年 5 月 2 日以后出生),其中应届专科、本科毕业生应为 24 周岁以下(1988 年 5 月 2 日以后出生);

(2)参加择优选聘的,须为国家"985"、"211"工程大学全日制本科及以上学历的毕业生和符合选调生条件(本科学历+中共党员+学生干部)的在皖全日制一本院校应届毕业生;

(3)参加公开选聘的,须为全日制普通高校专科以上学历的毕业生。其中,本科以上应届毕业生应为中共党员(含预备党员)或学生干部或受到院(系)、校(含校直部门)以上表彰的优秀学生;专科应届毕业生应为中共党员(含预备党员),且担任过 1 年以上班级或院(系)学生会、团组织干部。2011、2012 毕业的全日制普通高校党员本科生和研究生,部分市、县(市、区)自行选聘的大学生村官,以及"大学生志愿服务西部计划"期满人员,符合条件的可报名参加公开选聘。

4.大学生村官任职和聘期规定

大学生村官原则上回原籍所在县(市、区)的村任职,一般不安排在本人家庭所在村。

新聘大学生村官是中共正式党员的,担任村党组织书记助理;是中共预备党员或非中共党员的,担任村委会主任助理;根据工作需要,可兼任乡镇团委副书记、委员或村团组织、妇联组织负责人等职务。

大学生村官为"村级组织特设岗位"人员,系非公务员身份,一个聘期为3年。任满1个聘期、考核称职的,可按照有关程序续聘;任满2个聘期、未担任村"两委"副职以上干部的,原则上不再续聘。不再续聘的,可自主择业。

5.选聘工作时间和程序

(1)网上报名(择优选聘报名时间:5月2日9:00至5月7日16:00;公开选聘报名时间:5月2日9:00至5月12日16:00)

皖籍高校毕业生按照其原籍所在的省辖市,原则上实行定向报名。外省籍的毕业生可根据本人意愿报考,每人限报一个省辖市。

报名网站为安徽省人事考试网(www.apta.gov.cn)。报考人员登录网站后,仔细阅读"报考指南",并签署"考录诚信承诺书",按要求如实、正确填写资格审查表,并上传本人电子照片(近期免冠正面证件照,jpg格式,尺寸为295×413像素,大小为20~100kb)。

报考择优选聘的985、211高校毕业生须提供身份证、国家承认的学历、学位证书复印件或《就业推荐表》、《普通高校毕业生就业协议书》复印件,在报名后及时将上述材料传真至0551—62607693,0551—62609650,并在2日内通过特快专递寄达安徽省委组织部电教大楼四楼农村组织处(合肥市庐阳区九狮桥路8号,邮编:230001);符合选调生条件的在皖全日制一本院校应届毕业生报名后,须及时向本校选聘办提供相关材料。

报考公开选聘的,在皖高校毕业生,须及时与本校选聘工作办公室联系(联系电话见相关网站),并按要求进行备案(应届毕业生报名后须及时电话告知本校选聘办;往届毕业生报名后,须及时将个人有效居民身份证和学历、学位证书复印件、党员证明信等送达本校选聘办);省外高校毕业生,须向省选聘办提供有关证明材料(应届毕业生提供个人有效居民身份证、《就业推荐表》、《普通高校毕业生就业协议书》、获奖证书复印件及学校党委组织部开具的党员或学生干部证明信;往届毕业生提供个人有效居民身份证和学历、学位证书复印件,以及组织关系所在地党组织开具的党员证明信),在报名后及时将上述材料传真至0551—62607693,0551—62609650,并在2日内通过特快专递寄达安徽省委组织部电教大楼四楼农村组织处(地址同上)。

(2)资格初审(择优选聘资格初审时间:5月2日至5月9日;公开选聘资格初审时间:5月2日至5月14日)

省选聘办和省教育厅、团省委、在皖高校分别负责报考人员的资格初审,着重审查报考人员的资格条件等,并在报名后2日内提出审查意见。择优选聘报考人员于报名后至5月9日16:00前登录安徽省人事考试网站,查询资格审查结果。公开选聘报考人员于报名后至5月14日16:00前登录安徽省人事考试网站,查询资格审查结果。通过公开选聘资格审查的报考人员于5月15日16:00前按要求在网上缴纳40元笔试考试费用(符合择优选聘条件、通过资格初审的毕业生不需网上缴费;未通过择优选聘资格初审的,且符合公开选聘条件的,如已改报公开选聘则需网上缴费),逾期未缴费视为自行放弃。缴费后于5月29日至31日下载并打印《资格审查表》和准考证。

农村特困大学生和城市低保人员,可以享受减免笔试考试费用的政策。这部分报考人员报名后,先实行网上确认和网上缴费。6月1日至6月3日,由报考人员到省人事考试院(地址:合肥市徽州大道与太湖路交口恒生阳光城8号写字楼四楼)办理减免笔试考试费用审核确认手续。办理减免手续时报考人员应携带以下证明材料:享受国家最低生活保障金的城镇家庭的报考人员,提供家庭所在的县(市、区)民政部门出具的享受最低生活保障金的证明和低保证(复印件);农村绝对贫困家庭的报考人员,提供家庭所在的县(市、区)扶贫机构出具的特困证明和特困家庭基本情况档案卡(复印件)。上述人员还要同时提供能够证明其与家庭所属关系的相关证明材料(如户口簿等)。

(3)考试遴选

①符合择优选聘条件的考生:

a.资格复审(5月15日)。面试人员根据所报考市有关规定,携带《资格审查表》(从省人事考试网上打印)及有关材料进行现场资格复审。其中,往届毕业生需提供身份证、国家承认的学历、学位证书原件及复印件等;应届毕业生需提供身份证、《就业推荐表》、《普通高校毕业生就业协议书》原件和复印件。符合选调生条件的需提供学校党委组织部出具的证明材料。是中共党员的,须提供党员证明信原件和复印件。

b.面试(5月16日)。面试工作在省选聘工作联席会议统一领导下,由各省辖市选聘工作联席会议负责组织实施。面试后,按1:1.5的比例确定驻村见习对象。

c.驻村见习(5月17日至6月17日)。由各市组织进行为期1个月的驻村见习。驻村见习期间,由县(市、区)委组织部统一安排见习村,明确工作职责,提供工作、生活补贴和食宿条件。

d.见习考核(6月20日前)。由市、县(市、区)委组织部对见习村官进行考核,全面了解他们的思想素质、道德品行、实际能力、个性特点及岗位适应性等。

②符合公开选聘条件的考生

a.笔试(6月2日下午14:30—17:00)。省里统一组织笔试,笔试科目为《行政职业能力测试》和《申论》,两部分内容合并为一张试卷,满分为150分。笔试后,分省辖市按1:1.5的比例,从高分到低分确定面试入围人选。

b.资格复审和确认(面试前2天)。

笔试后,省选聘办将对面试入围人员报考资格进行统一复审。面试前2天,面试入围人员应携带个人有效居民身份证原件,学生证或学历、学位证书原件,《资格审查表》(从省人事考试网上打印)等到所报考的省辖市选聘办再次进行资格确认,并根据各市公布的县(市、区)选聘指标,填报志愿任职地所在的县(市、区)。凡不符合报考条件、不能提供规定证件及逾期未办理确认手续的,取消其面试资格。因取消资格等原因出现入围人选缺额的,按照笔试成绩从高分到低分等额递补,并进行资格确认。对于填报志愿相对较少的县(市、区),可由市选聘办征求考生意见后进行调剂。

c.面试(具体时间另行通知)。面试工作在省选聘工作联席会议统一领导下,由各省辖市选聘工作联席会议负责组织实施。面试采取结构化面试的方法,主要测试报考人员的综合分析、计划组织、人际沟通、创新应变等能力,按县(市、区)分组进行。面试后,根据面试成绩,按1:1的比例从高分到低分确定体检对象。

(4)体检(7月初)。体检由各省辖市统一组织进行,体检对象为驻村见习考核称职以上的和通过公开选聘面试的毕业生。体检的项目和标准按照国家印发的《公务员录用体检通用标准(试行)》执行。体检的时间和地点由各市选聘办电话或短信通知,逾期未参加体检的,视为自行放弃。因自行放弃或体检不合格等原因出现缺额的,不再递补。

(5)公示(7月下旬)。各省辖市选聘工作联席会议研究上报本市拟聘用人员名单,省选聘工作联席会议研究确定聘用对象,并在安徽大学生村官园地、安徽大中专毕业生就业信息网和安徽人事考试网上公示5天。

(6)培训上岗(8月上中旬)。

以省辖市为单位集中举办大学生村官岗前培训班,具体培训时间和地点由各市选聘办通知。培训结束后,各市统一将大学生村官派送到县(市、区)。由县(市、区)委组织部与大学生村官签订聘任协议书,按照有关规定办理任职手续。

上述时间安排如有变化,以省、市选聘办和相关网站的具体通知为准。

省选聘办电话:0551—62609192(咨询时间:工作日上午8:00—12:00,下午2:30—5:30);省人事考试院电话:0551—63457903;电子邮箱:ahdxscgyd@126.com;各省辖市及在皖高校选聘办联系电话见相关网站公告。

自主创业大学生办理营业执照和贷款的规定

1.毕业生自主创业申办营业执照流程

毕业生自主创业筹办、注册独立的经济实体的程序:

完整的注册企业的程序包括:准备经营场地——开具有关房产证明——企业名称登记——领取并填写工商登记表——准备提交相关文件资料——办理有关前置审批手续——办理入资、验资手续——领取工商营业执照。

领取工商营业执照后,应在规定的时间内办理如下手续:企业代码登记;刻公章,开银行账户;国税登记,地税登记;统计登记;待业管理登记;科技企业登记;各项社会保险统筹及就业证的办理。

2.毕业生自主创业贷款

(1)对登记失业的自主创业高校毕业生。自筹资金不足的,可向当地指定银行申请不超过5万元的小额担保贷款;对申请小额担保贷款并从事当地政府规定微利项目的,中央财政给予贴息。

(2)对自愿到西部地区及县以下的基层创业的高校毕业生。其自筹资金不足时,可向当地经办银行申请小额担保贷款。对从事微利项目的,贷款利息由财政承担50%(中央和地方财政各承担25%),展期不贴息。

3.毕业生自主创业小额担保贷款贷款流程

(1)社区推荐,街道初审,劳动保障局审核。

申请人自愿向户籍所在社区提交小额担保贷款书面申请,社区劳动保障工作机构对毕业生办理身份确认手续,填写《小额担保贷款推荐书》(附件1),交街道劳动保障事务所初审,初审合格签署初审意见。市或县(区)劳动保障局审核,在《小额担保贷款推荐书》上签意见,受理时间不得超过一周。

《小额担保贷款推荐书》一式六份,社区、街道劳动保障工作机构、市或县(区)劳动保障局、市或县(区)财政局、担保机构和借款银行各一份。

(2)担保机构核保。

经市或县(区)劳动保障局同意,申请人向当地政府指定的担保机构申请贷款担保,并提供担保机构需要的相关资料。担保机构自收齐所需资料之日起,在一周内按有关程序进行审核,符合条件的填制《小额贷款担保调查审批表》,出具担保函。

《小额贷款担保调查审批表》一式四份,市或县(区)劳动保障局、市或县(区)财政局、担保机构和借款银行各一份。

小额担保贷款推荐书(样表)

申请人姓名		性别		年龄		文化程度	
户口所在地街道、社居委				邮寄地址			
邮政编码		联系电话			联系人		
身份证号			再就业优惠证编号				
个人主要工作经历:(工作时间、工种、业绩,何时下岗或失业、家庭成员和经济收入等)							
申请贷款项目			自有资金				
申请贷款额度			申请贷款期限				
项目经营地点或地区			反担保方式				
是否属贴息项目	县(区)劳动保障局意见 (盖章)			县(区)财政局意见 (盖章)			
申请人专长和自主创业的想法:							
产品或项目的市场前景分析:							
三、成本盈亏分析:							

四、投资计划和生产经营安排:	
五、安排下岗失业人数:	
六、还贷付息计划: 申请人签名: 年 月 日	
社区劳动保障工作机构的推荐意见	单位盖章: 年 月 日
街道劳动保障工作站初审意见	单位盖章: 年 月 日
市或县(区)劳动保障局审核意见	单位盖章: 年 月 日

本表一式六份,社区、街道劳动保障工作机构、市或县(区)劳动保障局、市或县(区)财政局、担保机构和借款银行各一份。

(3)贷款申请审查与发放。

申请人持上述资料及担保机构出具的担保函向与市或县(区)担保机构有合作协议的商业银行申请贷款,贷款银行自收到贷款申请及符合条件的资料之日起,在一周内给予答复,对符合条件的及时办理贷款手续。

对高校毕业生等登记失业人从事个体经营自筹资金不足的,可向银行申请不超过5万元的小额担保贷款,贷款的期限最长不超过2年,延长期限不得超过1年。对从事微利项目(持有当地劳动部门核发的失业登记证明的高校毕业生从事个体经营,除国家限制行业外)的,可享受财政全额贴息。

4.中国青年创业行动项目小额贷款办理流程

青年创业行动项目由共青团安徽省委和国家开发银行安徽省分行共同举办。各市、县团委接受项目申报。直贷模式基本流程:团组织通过贷款管理平台受理青年创办企业的贷款申请,进行初步筛选、审查后向开发银行推荐贷款对象,并由团组织推荐担保机构提供担保,也可由企业提供第三方保证或其他商业性担保。开发银行对贷款对象进行严格审查,确定同意贷款后向青年创办企业发放贷款。

参考文献

[1] 劳动和社会保障部培训就业司,中国就业培训技术指导中心.职业生涯——职业指导教学训练指导手册.中国劳动社会保障出版社.

[2] 劳动和社会保障部培训就业司,中国就业培训技术指导中心.创新职业指导新理念.北京:中国劳动社会保障出版社,2010.

[3] 赖晓桦.大学生就业与创业指导.大连:大连理工大学出版社.

[4] 任志勇.职业学习 就业指导.北京:中国广播电视出版社.

[5] 李进.大学生职业生涯规划(修订本).武汉:武汉理工大学出版社,2005.

[6] 闫继臣.大学生职业生涯规划.北京:中国劳动社会保障出版社,2007.

[7] 姚裕群.大学生职业生涯规划.大连:东北财经大学出版社,2012.

[8] 王沛.大学生职业决策与职业生涯规划.北京:科学出版社,2007.

[9] 樊富珉.大学生职业生涯规划活动教程.北京:北京交通大学出版社,2010.

[10] Robert D. Lock 著[美].把握你的职业发展方向.北京:中国轻工业出版社,2006.

[11] 程艺.大学生职业发展与就业指导.合肥:合肥工业大学出版社,2009.

[12] 储克森.职业指导与创业教育.合肥:安徽大学出版社,2006.

[13] 蒋建荣,詹启生.大学生生涯职业导论.天津:南开大学出版社,2005.

[14] 熊飞,李军.创办一个企业.北京:机械工业出版社,2006.

[15] 王英杰,郭晓平.创业教育与指导.北京:机械工业出版社,2006.

[16] 雷霖,江永亨.大学生创业指南.长沙:中南大学出版社,2001.

[17] 汪歙萍,熊丙奇.大学生创业.上海:上海交通大学出版社,2001.

[18] 文静.大学生创业教育亟须转型升级[N].中国青年报,2011-03-03(11).

[19] 晓尤.大学生创业要防五个风险[N].福建日报,2012-06-07(11).

[20] 陈亦冰.大学生卖萝卜的创业启示[N].中国青年报,2013-01-09(3).

[21] 麦可思.中国2010届大学毕业生自主创业分析[N].中国青年报,2011-05-16(09).

[22] 中新网.中国大学生创业比例逐年提升,高职生远高于本科生[DB/OL].

[23] http://edu. people. com. cn/GB/1053/18139568. html.

[24] 黑龙江八一农垦大学就业信息网.创业计划书的撰写[DB/OL].

[25] http://www. hlau. cn/um/jiuye/index. php? option = com _ content& view = article&id=880;2011-10-13-01-40-21&catid=71;2011-09-29-01-49-48&Itemid=91.

[26] 百度文库.无领导小组面试的种种——附500强经典案例.